JN065212

九条の何を残すのか

憲法学界のオーソリティーを疑う

はじめに

この本は、高名な憲法学者の学説の批判を通じて、憲法9条と日本の安全保障の関わりを明らかにすることを目的としています。

そしてこの本はほとんど私と瑤子という女性の対談の反訳の形になっています。そうしたのは、私を含む専門家に対する一種の懐疑によるものです。私も専門家のはしくれです。憲法というテーマでお話をする場合に、ついつい専門家にありがちな、抽象的で難解な言葉をつかった、独りよがりのパターンにおちいる。それを避けたいと思ったからです。瑤子は、某大学法科出身の25歳独身女性です。それが実在の人物であるかどうか、果たしてこの対談が実際にあったものなのかどうか、は読者の判断に任せることとします。ただ、彼女との対談になったことで、一般の読者に分かる言葉で論を進めることができたのではないか、と思っています。

また、対談の形ではかえって分かりにくくなる学術的な部分は、対談ではなく小論をコラムの形で独立することとしました。そのうちコラム2だけは必読です。真っ先に読んでいただきたいぐらいです。その他のコラムは、読み飛ばして進んでいただいても結構です。でも、ちょっと気になるな、と読んでいただければ幸いです。また、日本の安全保障問題についてある程度の知識をお持ちの方は、いきなり憲法改正が絡む第3部から読んでいただいても結構です。

私がこの本を書かなければならないと考えたきっかけは、人間という生物はなぜ戦争をするのか、どうすればそれを避けられるのかということを研究していた過程で、一人の学者の奇妙な発言に気づいたからです。

その発言とは、憲法学界のオーソリティーであり、集団的自衛権など最近の憲法問題について活発に発言している憲法擁護派の長谷部恭男教授の発言でした。その発言の何が奇妙かといえば、憲法9条解釈のあり方や集団的自衛権（P.62）容認の是非、憲法改正問題などに関して、①明らかに虚偽の、あるいは根拠のない誤った、または自己矛盾が明らかな主張、②日本の議会制民主主義を破綻させかねない危険な主張、③極端な専門家中心の権威主義的発言がなされているということです。憲法学ばかりでなく、社会の法意識に及ぼす長谷部教授の大きな影響力からして、このまま放置しては、日本の民主主義に大きなゆがみが生じかねない。これを放っておくことはできない、これは書かなければならないと考えたからです。教授の日本の安全保障に関する発言の誤りなどについては、これらのことに気づいている学者も大勢おられるはずですが、教授の持っている権威の前に、口を慎んでいるのかもしれません。そうであるとすれば、憲法学者ではない専門家である私がやらねばならないという思いで出版しました。このつたない出版物が、憲法学会の中で、長谷部憲法に関する忌憚のない議論が行われるきっかけになれば幸いです。

そしてこの出版の目的は長谷部教授の誤った学説や主張を反面教師として、集団的自衛権や憲法改正の是非など憲法をめぐる基本的なテーマについて、読者にわかりやすい解説を提供することにあります。この方面でも役立てていただきたいと思います。

私の住む弁護士の世界は、自衛隊違憲説が多数を占める憲法学界の強い影響のもとにあると考えています。その意味で、本書は、弁護士界に住む弁護士にはあるまじき、大変ユニークな本となったと思います。特に、新しい安保法によって認められた集団的自衛権の行使については、放っておけば自国と国民の息の根が止まることが明らかなとき（存立危機事態）にのみ行使できる、という限定がある以上、この法制度そのものに反対する合理的な理由は見当たらないという立場を明らかにしました。

それと同時に、放っておけば今後そうした限定のない（ＮＡＴＯとも同じ普通の）集団的自衛権の行使を認めるような憲法の改正が行われる可能性が高いこと（言い換えれば9条が完全に存在価値を失い、普通の国になること）を想定しました。それを回避することができるか。そのためにこそ、人々の英知が集められるべきだ、というのが私の主張の骨となっています。

本書に対する質問やご意見があれば、本の雑誌社木村本担当まで、郵送またはFAXにてお送りください。出来うる限りお返事を差し上げます。

お知らせ　新安保法に初の憲法判断「明らかに違憲とはいえず」

本書がすでに校正の段階に入っていた23年12月5日、本書執筆の趣旨に大きくかかわる裁判が仙台高等裁判所でありました。16年3月に施行された新安保法（集団的自衛権の行使を、日本や国民の存立危機事態に限って認める法制度）についての初めての憲法判断で、裁判所はほぼ本書と同じ根拠で、新安保法は明らかに違憲とはいえないとし、原告ら（憲法違反の制度の施行などによって精神的苦痛を受けたとして国に慰謝料を請求していた住民）の請求を棄却しました。

長谷部恭男教授は本裁判の原告側の証人として出頭し、本書コラム6で取り上げたように「従来の政府解釈は憲法と一体となって憲法の内容を構成する」等の証言をしましたが、その主張は裁判所によって一蹴されました。

原告らは、この判決に不服申し立てをしませんでしたので、「限定的な集団的自衛権は明らかに違憲とはいえない」ということの判決が確定したことになります。


長谷部恭男教授が憲法学界のオーソリティーと呼ばれるわけ

日本公法学会理事長など憲法学者などが集う学会の長を務め、現在早稲田大学法学学術院及び大学院法務研究科教授、東京大学名誉教授。

『注釈日本国憲法』（有斐閣）、『判例六法』（有斐閣）など歴史と権威ある書籍の編者でもある。

新安保法の審議に参考人として呼ばれ、自民党の推薦でありながら、集団的自衛権は違憲との解釈を示して脚光を浴びた。学術書として『憲法第8版』（新世社）、教養書として、『憲法の良識』（朝日新書）、『憲法の論理』（有斐閣）、『憲法の理性』（東京大学出版会）など多数。

目次

第6章　長谷部立憲主義を疑う

※―――本書は書下ろしです。

第1部　長谷部教授の自衛隊合憲論

第1章　自衛隊を合憲といえるか

〈この章のねらい〉

過去に起きた戦争のすべてを否定することができるかを考える中で、自衛隊違憲派が多数を占める憲法学者の見解の合理性をチェックする。

1—すべての戦争に反対できるか

瑤子　侵略戦争であれ自衛戦争であれ、一切戦争はいけないという人はどのくらいいるんですか。

木村　そのものずばりの世論調査はないんだけど、内閣府が「日本の防衛のあり方についての意識」の調査というのを定期的にやってるんですね。それでいくと、22年で、自衛隊も安保条約も両方必要が90・9％、両方要らないが1・6％ですね。大体この1・6％の人が、自衛戦争もいけないという人の数と近いのではないですかね。

瑤子　ウクライナ戦争の前後で大きな違いはありますか。

木村　17年の調査では安保も自衛隊もいらないは2・9%ですから減ってはいますが、大きな変化ではないですね。でも最近の防衛力強化についての世論調査では、軒並み60%以上が自衛力強化に賛成してます。朝日新聞と東大で行った23年春の調査で60%、22年11月の読売とギャラップの調査では、68%が賛成と答えています。いままでは、この種の質問をすると、現状維持派が多数だったんですが。

瑤子　ちょっと驚きましたね。世論調査ではそうでも、まだまだメディアの中では、すべての戦争に反対するという人が、強い発信力を持っているように感じますね。

木村　そうです。それと、僕が一番インパクトが強いなと思っているのは、やはり亡くなられたノーベル賞作家の大江健三郎さんですね。自衛隊は違憲の立場で、こんな言葉を残しています。「防衛大学生は僕らの時代の若い日本人の一つの弱み、一つの恥辱だと思っている。そしてぼくは、防衛大学の志願者がすっかりなくなる方向に働きかけたいと考えている」（毎日新聞昭和33年6月25日夕刊）。

瑤子　恥辱というのはすごい言葉ですね。

木村　こういう、情熱的な自衛隊違憲論はいまでも、平和運動に携わっている方々の中に脈々と残っています。数は少なくなったけれども、信念もパワーも強いなあと感じますね。

瑤子　女性は、戦争は生理的に受け付けないところがありますね。女性は生んで育てるという役目も負ってきたから、平和は大切、戦争は嫌だ、という気持ちは男性より強いと思います。それと、古代から戦争になったときには、勝った集団に略奪される立場にもあったわけですから、女性の脳の仕組みの中には戦争は嫌だ、というのがびっしり刻み込まれてると思うんです。

木村　日本が戦争に巻き込まれる危険性を感じている人は、平成26年の内閣府の調査でも、75％くらいです。以前ですと、戦争に巻き込まれるかもしれないという危機感が、例えば安保条約に対して否定的な意識を生んでいたんですが、最近では現実的な危機感が増えて、それが軍備を強化しろという方に結びついているようです。いずれにしても、数でみる限り、自衛隊や安保条約が必要だというのは、現在では圧倒的多数ですね。

瑤子　学生時代の私はあらゆる戦争に反対派だったんですが、それでも、侵略されたときにも戦わないいんですか、といわれれば、ウクライナ戦争やイスラエルとハマスの戦いを毎日のようにテレビで見ていてうーんとなりますね。無抵抗でいれば殺されはしないし、ほっとけば勝手に帰っていくとかいう人もいますけど、占領されれば、命や財産だけでなく、民主主義的な制度も人権もなくなるし、虐待されるケースは多いですからね。抵抗しようとすると収容所、殺されることもある。民族浄化でモンゴルとかウイグルみたいなことになっちゃうと。

木村　後で何度もお話しすることになるけど、自衛戦争もダメという考え方もそれはそれで一つの立派な見識です。それが間違っているという科学的論証はできないんです。実験をするということができないからですね。一度安保も自衛隊もなくしてみて、果たして大丈夫なのか、と試すことができれば科学的な判断ができると思うんですが、これが失敗した時に原状回復ができないというリスクが高すぎるということですね。

瑤子　自衛隊も安保条約もあるという状態は、戦後長く続いているわけですが、いろいろ問題はあるものの、とりあえず新しい戦争の当事国にはならなかった。こちらの方は一応実験ができているように見える。そういうことがさっきの世論調査の結果に反映しているんでしょうね。

2　日本とナチスが地球を山分け

木村　自衛戦争も放棄することが間違っているということを経験科学的に論証することは

できないのですが、歴史をたどって、それが合理的な選択かどうかをチェックしてみることはできます。

瑤子　実験ではなく歴史に学ぶということですね。

木村　さてそのために、時代をさかのぼってみましょう。どんなことがあっても絶対に戦争は避けるということでいった場合、今の世界はどうなっているかということを想定してみることは十分できます。

瑤子　どこまでさかのぼりますか。

木村　まず、1942年6月、真珠湾奇襲以来勝ちまくっていた日本海軍は、アメリカの海軍を制圧するため、アメリカの戦略的に重要な基地があるミッドウェー島を攻略しようとして決戦になる。これが有名なミッドウェー海戦というやつで、ここで、日本海軍はアメリカ軍にボコボコにやられる。ここから戦況がガラッと変わって一路日本は敗戦に向かうんですね。さて、ここで、アメリカが一切戦争はいけないぞ、ということで日本軍に対して無抵抗の方針を取っていたら現在どうなっているかですね。

瑤子　ということは、日本は向かうところ敵なしですね。

木村　そうですね。それこそ日本の目的だった大東亜共栄圏構想が現実のものとなって、朝鮮半島、中国、東南アジア一帯を日本が支配することになる。大体地球の東半分が日本のものになっていたはず、という想定です。

瑤子　アメリカが抵抗しなかったと仮定したら確かにそうなっちゃいますね。

木村　次は、1944年6月。ヨーロッパ全体を支配しようとしていたナチス・ドイツに対してアメリカがリードする連合軍200万人の軍勢がドーバー海峡を渡って北フランスに上陸した。これが有名なノルマンディー作戦ですね。2か月かかって、ドイツに占領されていたフランスを奪還した。ここから、ナチス・ドイツは急激に崩れていったんです。

瑤子　こんどは、ここで連合軍が無抵抗だったらということですね。

木村　そうです。ヒットラーはローマ帝国をモデルにしたヨーロッパ全体を包む帝国を作ることをめざしていたというから、いずれ地球の西半分はナチス・ドイツのものになったと思いますね。

瑤子　ということは、地球の東半分は軍国日本、西半分はナチス・ドイツ。救いがないですね。そのあとは、その二つの国が最終戦争をやって、どちらかが全世界を握るということになるんですかね。

木村　こうしてみると、どんな場合でも戦争をしないという選択は合理的ではないように見えますね。すべての戦争がいけないということになると、結局やったもん勝ちになってしまうという。日本軍国主義やナチスとは戦わず、やりたいだけやらせればよかった、と本気でいう人は少ないでしょう。

瑤子　平和運動の側でも本気でそういう人は少ないでしょうね。

木村　いずれにしても、僕たちがひたっている戦後平和は、ミッドウェー海戦とノルマンディー作戦に代表されるアメリカ＋連合軍の自衛戦争の勝利の上に築かれている。これは歴史の見方として合理性が高いといえるでしょう。

3――自衛戦争と侵略戦争の見分け方

瑤子　でも、侵略戦争はいけないけど自衛戦争はいいということにすると、自衛戦争の名目で侵略戦争をするところが出てくる。ロシアのウクライナ侵略もナチスからロシアを守るためだとプーチンはいってます。そういうことがあるから、日本は憲法で自衛戦争も含めて、すべての戦争を放棄したんだという反論は根強いですよ。

木村　そこが最大の問題ですよね。でも最近はだいぶ違ってきて、侵略か自衛かがかなり見えるようになってきましたよね。

瑤子　確かに。ロシアのウクライナ侵略なんか、いくらプーチンが自衛だとか何とかいったって、お茶の間で見る映像では侵略丸見えですから。

木村　サイバー攻撃とか目に見えない戦争手段が出てきた半面、物理的な戦争についてはかなり多くの情報がＳＮＳとか衛星やドローンからの映像として見えてくるし、情報としても流れる。もちろんそこにおかしな情報操作がないとは言えない。

瑤子　それは何時も頭に置いとかなければなりませんけどね。

木村　ウクライナ戦争でも国連総会で、圧倒的多数がウクライナ側についた。あそこまで見えてしまうと民主主義国のメディアは、「双方の主張が食違っているので」とかいって中途半端な態度はとりづらい。昔は戦場カメラマンに頼るほかなかったところがあったけど、今はお茶の間で目撃者になれる。今度は日本のどの政党も、ロシアの侵略戦争、ウクライナは自衛戦争という色分けをすることに反対する発言はしてないですよね。

瑤子　日本がロシアに経済制裁することについても、野党は、「岸田さんもっとしっかりやれー」という感じだから。

木村　ロシアとウクライナの双方に問題がある、というどっちもどっち論というのが当初はありました（一例として「国際民主法律家協会ＩＡＤＬ」22年2月26日、3月8日声明）。

NATOの方がロシアを挑発し続け、ウクライナを加盟させる方向で動いた。これがロシアに対する脅威になり、ロシアを戦争に追い込んだ、という見方です。この時いち早く日本共産党は、ロシアの国際法違反は明らかで、どっちもどっち論にはくみするべきでない、という立場をはっきりと打ち出しました（「前衛」2022年6月号）。一番アメリカやNATOに辛口の政党がこういったので、これで、当初はあった「NATOのほうも悪い」という評論は日本ではほとんど姿を消しましたね。与野党の意見がこんなに一致してしまう戦争って今までなかったような気がしますね。

瑤子　とはいっても、自衛戦争と侵略戦争とのこうした見分け方が、どの戦争でも可能かというと。やはり問題は残ると思います。

木村　その通りです。ロシアの人々の大半が、プーチンのプロパガンダに影響されて、ウクライナ戦争を自衛戦争と思いこまされていることを考えると、メディアリテラシー（注、簡単にいえば、情報に流されず主体的に情報と付き合うことなど）といっても、なかなか難しいなと思いますね。

4 ― 安全保障のジレンマ

瑤子　軍縮の協定というのは今のところどうなっているんですか。核軍縮から行くと、国連の常任理事国の五か国に核兵器を独占させて、そのかわり保有国に核軍縮を行うように義務付けている条約ですね。

木村　そうですね。保有国は真面目に核軍縮を行っているようには思えないし。かといって、核保有国がどんどん増えていくことも恐ろしい。ないよりはまし、という条約ですね。

瑤子　確かに、仮に五大国が核兵器をなくして、北朝鮮とイランだけが核兵器を持っているという状態は最悪ですよね。

木村　自衛のためにとはいえ、どんどんお互いに軍備が大きくなっていくのをどこまで認めるかということですよね。そして、相互に少なくしていくか。いま、アメリカもNATOもロシアも中国も軍拡競争の真っただ中にいます。日本もそうなっています。

瑤子　ウクライナ戦争がおきて、ますますそれに拍車がかかっていますね。このままいくとどうなるんでしょう。

木村　安全保障のジレンマということがいわれます。お互いに抑止力を高めようとして軍拡競争に走って、かえって緊張関係が高まる、さらに軍拡をする、ということで歯止めがなくなるということですね。

瑶子　軍拡競争は無限に続くんですか。

木村　無限に続くはずはないですね。軍備は国の財政に依存しているわけだから、予算のうちから軍備に割けるお金にはどこかに限りがある。

瑶子　それはどの国でも同じなんですか。

木村　国の政治の形によって、その限界は違ってくると思う。民主主義国家の場合には、軍備にお金をまわしすぎると、国民生活にしわ寄せがいく。特に、弱い立場の人にしわ寄せがいくことが多い。これが社会的な不満となって、軍拡反対、反戦運動が強まる。その結果、選挙で与党が勝てなくなる。そのぎりぎりのところが限界になるのでは。

瑶子　北朝鮮とかロシアとか中国とかはどうですか。

木村　独裁国家の場合には、選挙を心配しないでよいからそういう意味での限界はないんでしょう。それでも、経済が悪化すれば、内乱が起こって政権が転覆される恐れはあるでしょう。

瑶子　私もそう思ってみてるんですが、北朝鮮はあんなに経済的に困っているのに、ミサイルやロケットばかり撃って大丈夫なんですかね。

木村　北朝鮮では、ショウウインドウといわれてきた平壌でも餓死者が頻繁に出ているというＢＢＣの報道もありますね。実際には、金正恩のロケット路線はギリギリのところにきているという見方もあります。

瑤子　どこかに限界があるということですね。

木村　僕は、軍拡競争が限界を超えるには3つのタイプがあると思います。Ａはその緊張関係にある国家間の戦争が始まってしまい、どちらかが勝って、軍備拡大競争が終わってしまう、というタイプです。

瑤子　核兵器が落ちてきそうで最悪ですね。

木村　Ｂは軍拡競争によって、軍拡競争国のいずれかの経済が破綻して、勝ち負けが決まってしまうというタイプです。

瑤子　ソ連の崩壊がそれですね。

木村　そうですね。ソ連の場合、1つには、アメリカから仕掛けられた軍事的宇宙開発競争でソ連経済が疲弊したこと、2つにはアフガニスタンに攻め込んで傀儡政権を作ろうとしたんですが、戦いは泥沼化して、膨大な戦費がかかったうえに、欧米諸国から経済制裁を受けて結局は撤退。ソ連は崩壊します。そして、ゴルバチョフが西欧諸国と友好関係を築いて、その支援を受け入れてこの国を再建しました。

瑤子　でも、結局は西欧側が経済的な協力関係を築いてロシアの立て直しが成功したら、今度はウクライナに侵攻したわけですね。歴史は繰り返すというか。

木村　まったくその通りですね。最近の国際政治学者の多くは、他国から領土を奪うことは、他国民の統治支配が困難なこと、そのために膨大なコストがかかることから、大国にメリットがなくなったと見ていました。ところが政治学の常識を覆すまさかの事が起こったわけです。Cは、当事国間が真剣に外交的な努力をして、相互軍縮を進めるということです。

瑤子　核拡散防止条約で、核保有国は核軍縮を義務付けられているんですよね。

木村　そうです。でもこれを実現するには、当事国どうしの間に相手国が約束を守るだろう、というある程度の信頼関係ができる必要があるんですが、現在はお互いに不信感丸出しで張り合っていて、いまのところその機運がない。ロシアは最近、アメリカとの核軍縮条約から離脱するといってます。

瑤子　とすると当分はBタイプの経済的破綻に期待せざるをえないということですね。我慢比べですね。

木村　少なくともアメリカはそう考えているように僕は思います。

5 憲法学者と自衛隊

木村　日本の防衛をどうするかに議論を移しましょう。

瑤子　憲法学者の中では、自衛隊は違憲という方が多いということでしたけど。

木村　瑤子さんの先生はどうでしたか。

瑤子　私の大学の先生も自衛隊違憲説でした。

木村　朝日新聞が15年6月憲法学者にアンケート調査をした結果では、122人の回答のうち、自衛隊そのものが違憲か違憲の可能性がありうると考えている学者が63％、合憲と答えた学者は23％でした。憲法学者は依然として自衛隊の合憲性に厳しい態度をとっています。先ほどの内閣府による国民の意識調査では、自衛隊も安保条約も不要という人は1・6％ということでした。朝日新聞社が22年3〜4月に行った憲法に関する郵送による世論調査で、「いまの自衛隊は、憲法に違反していると思いますか」との問いに、「違反している」は14％で、「違反していない」78％を大きく下回りました。「違反」と答えた人の値は、比較可能な2013年以降で最低です。

瑤子　憲法学界と世論調査との差はすごく大きいですね。

木村　ロシアのウクライナ侵略戦争を違憲派の学者の方がどのように見ているかなんですけど、「政府がウクライナ戦争をいい口実にして軍拡を進めている」、という方向で発言しておられる方が多いようですね。世論の多数派に引っ張られてはいけないというスタンスは崩れていません。なかなか強靭だなと思います。

6　自衛隊違憲派のサバイバル・プラン　その1

瑤子　自衛隊違憲派の憲法学者は、ほかの国が攻撃を仕掛けてきたら国民はどうすればいいと考えてるんですか。

木村　いろいろあるけど、まず、こちらが軍事力を持ってなければ、相手は攻めてこないといってる学者がいます。外交で紛争は解決できるとしています。これは、自衛隊を持っていることによって戦争に巻き込まれる確率より、ないことによって戦争になる確率の方が低い、と考えているんですね。何度も言いますけど、一度試してみれるといいんだけど、試してダメだった場合には取り返しがつかない、というところが弱点ですね。

瑤子　自衛隊違憲論の人たちは、自衛隊をなくして、米軍はどうするんですか。

木村　自衛隊反対の先生方は、アメリカ軍ほど戦争好きで危険な国はないと考えてる。確かに、アメリカはほぼ3～4年に一度戦争の当事国になっています（もちろん、好きでやっているわけではない、と反論するでしょうが）。ですから日本には置いとけないことになります。

瑤子　そうするとウチは簡単に侵略できる国ですよ、といってるように見えないでしょうか。

木村　そういうメッセージととられる可能性が高いでしょう。パワーバランスを重視する国際政治学では、そういう軍事的空白があるとか、軍事力の格差があるところには空白を埋めようとする動きが生まれて、テロリストが集まったり、戦争が起こりやすいとされている。これは、今まで発生した戦争から引き出した説明ですね。

7―軍隊のいない国コスタリカは参考になるか

木村　実際に軍隊なしでやってる国もあるではないか、というのも、自衛隊違憲論からよく主張されるところです。

瑤子　あ、南米の方の国。コスタリカ。

木村　そう。フルーツとコーヒーが主な産品。緑がいっぱいで景色は抜群。で軍備はなし。軍事予算の分を教育費に回してるから、識字率は97％と高い。僕は80歳になったらこういうところで暮らしたいですね。

瑤子　どうして軍備なしでやれるんでしょう。

木村　不思議ですね。あくまでも僕の見方ですけど、この国の周りにアメリカ以外の軍事大国・核保有国がいないというところがポイントだと思います。そして、コスタリカはアメリカとの友好関係が強い。それと、軍隊ではないけど、ロケットランチャーをもっている強力な警備隊というのがあって、徴兵制があります。

瑤子　その程度で大丈夫なんですか。

木村　この環境からすると、コスタリカを攻撃した場合、要請を受けてアメリカが助太刀する、集団的自衛権を行使する可能性が高いと僕はみています。

瑤子　やっぱり南米はアメリカの裏庭ですか。

木村　コスタリカは小規模の手持ちの軍備と、アメリカ軍の圧力で守られているというのが、実情といえるかもしれません。

瑤子　それなりに抑止力が整っているということですね。でも、条件次第では軍隊なしでもやっていける、ということを示している。すごいことですね。

木村 すごいことです。コスタリカの奇跡という人もいます。

瑶子 日本がコスタリカを見習ったらどうなるんですか。

木村 コスタリカと違って、日本は中国、ロシアという核を保有する覇権大国プラス北朝鮮というそれぞれ高い軍事力をもつ独裁国家と海を隔てて向き合っています。中国、ロシア間には領土問題も抱えています。そしてアメリカという覇権大国が日本中に基地を持って東アジアをにらんでいます。それぞれの国にとってアジア全体を支配するには日本は絶好のポジションで、コスタリカとは条件が違うように思います。

瑶子 自衛隊を廃止したらどうなりますか。

木村 日本が軍事的空白となることを想定すると、米中両大国が日本を奪い合う激烈な戦いが起こりうる、と僕は思います。おそらく多くの国際政治学の専門家はそう見るでしょう。もちろんどこも手を出さないという違う結果が出る可能性もあります。ですが、ここは一度試してみるということはできませんので、日本はどちらかに懸けなければならないことになる。

瑶子 日本は自衛隊プラス日米安保条約の方に懸けてきたということですね。

木村 そちらに懸けてきて、幸いにも戦後は戦争の当事国にはなっていないということですね。でもこれからはわかりません。

8――自衛隊違憲派のサバイバル・プラン　その2

木村　他の自衛隊違憲論の学者の中には、侵略されたときのサバイバル作戦として、こちらには戦力はないけれども残っているパワーを最大限使って反撃すればよいという人もいます。

瑤子　残っているパワーというのは？

木村　海上保安庁と警察。海上保安庁は巡視船に機関砲や銃身機関砲というのを持っています。警察はサブマシンガン、ライフル銃、ぐらいは持っています。

瑤子　コスタリカの装備より低そうな気がしますね。ミサイルやらロケット砲やらドローンやらの最先端兵器にそれで対抗するということですか。

木村　現在は、有事には、海上保安庁や警察は自衛隊の指揮下に入って自衛隊を補助することになっています。これが、海上保安庁や警察が全部自前で自衛戦をやらなくちゃならなくなる。

瑤子　海上保安官や警察官のなり手が確実に減ってしまうんじゃないでしょうか。そんな弱小な武器で戦わされるのは怖いですから。

木村　ゲリラになって抵抗するといっているのは、憲法学界に未だに強い影響力を持っている亡芦部信喜教授（99年逝去）の説で、群民蜂起、という言葉を使っておられました。

瑤子　ゲリラは勘弁してほしいですね。それって、国民が普段から銃を持って訓練を受けてなければなりませんよね。せっかく治安がいい日本なのにそっちが心配。

木村　ただし、亡くなられる前の講義で、憲法9条は政治的マニフェスト、理想を宣言したに過ぎないという説に変えられたそうです。群民蜂起は撤回ですね。

瑤子　軍備を持つことは合憲という説に変えたということですね。

木村　そのほか、周りの国が危機を感じて駆けつけてくれるという意見もありました。

瑤子　自分は戦力放棄しておいて、ほかの国の戦力に頼るというのはどうなんでしょう。だって、日米安保条約も廃棄するといってるんですよね。

木村　果たして、自分の力で守らない日本の人を、ほかの国の兵隊さんが、命がけで救ってくれるかですね。これも、やってみなければわかりませんが、相手の国がロシアや中国だとした場合、かなり損な取引になりますね。

瑤子　そもそも、ほかの国の戦力に頼る、というのは、非武装平和主義にも反しますね。

木村　なるほど。国連軍を作って、止めてもらうという説もあります。

瑤子　でも、国連常任理事国が全会一致で同意しないと国連軍は作れませんよね。今ないですし、これからも当分出来そうにないですね。どうやって作るのか。アメリカと中国とロシアが一緒になって国連軍を作るというのはどう考えても難しそうですね。でも平和運動を長年やっている人は自衛隊なしでやる気なんですね。

9――平和と安全保障の違い

木村　「平和と戦争」という言葉を運動で使う人は、安全保障という言葉はほとんど使わない。あなたは平和がいいですか、それとも戦争がいいですか。自衛隊というのは戦争をする道具なんですよ、と訴える。それ自体は一面の真理をついています。

瑤子　防衛費は人殺し予算だといった共産党の女性議員がいましたけど、撤回しましたね。平和と安全保障というのは、基本的にどこが違うんでしょう。

木村　平和という言葉を前面に立てる人は、日本が攻められないかということより、日本が外に行って戦争をしないかを心配するんですね。だから、日本の安全保障ということにはあまり関心がいかない。

瑤子　それと軍備を持つとかえって狙われる、という考えもありますね。

木村　それもありますね。でも、相手の国が武力を持ったことに対して、それを理由に戦争を仕掛けたというケースはないように思います。でも、まったくあり得ないとは言えないでしょう。結局ここも、軍備を放棄して実験できるかというところに行き着くでしょうね。軍備を放棄する実験は、ほとんどの人にとって怖いんじゃないでしょうか。コスタリカのような特殊な例は別ですけど。戦争になれば、軍事的な施設が狙われるという意味であれば、経験的に正しいと思いますが。

瑤子　でも、国家のレベルで戦争放棄を本当にやるとすれば、ウクライナやイスラエルとパレスチナの戦争を毎日のように見ている大多数の国民が不安を感じるでしょう。それが世論調査にも反映しています。ほぼすべての政党が自衛隊合憲ないし実質合憲（P.57）だという理由は、そこにあると思います。

10 ― 性善説と性悪説

瑤子　国際政治学でも、リベラリズムとリアリズムが対立しているようにいわれてますけど。

木村　そうですね。非武装平和主義は、リベラリズムの最たるもので、国際社会は、闘争するのでなく、平和的な共同体を作っていくのだという性善説。憲法の前文で「平和を愛する諸国民の公正と信義に信頼して、われらの安全と生存を保持しようと決意した」とあるのは、リベラリズムですね。リベラリズムの学説では、国際法や国際条約について、かなりの実効性があるとみています。冷戦終結前後からは、国際的に相手との間に経済的に依存しあう関係ができれば、戦争は抑止される、という説がリベラリズムの陣営から強調されていました。アメリカやヨーロッパは、その流れに乗って、ロシアや中国との貿易量や設備投資量を増やし、資源を含めてお互いに貿易額を拡大しました。そうすれば、お互い交易から得られる利益の方を失いたくないので、戦争は起こりにくくなる、という理論で相互依存の関係を高めていったわけですよね。

瑤子　それに期待したんですね。でも、ロシアはウクライナで違う方向に行ってしまったわけですね。

木村　経済制裁をかけるのも、ロシアに資源を頼っているヨーロッパの国は大変です。

瑤子　そこもロシアは見越しているわけですね。

木村　中国も、軍事力をバックに国際法無視で、南沙諸島を占領して軍事基地にしてしまった。日本の領土の尖閣諸島（P.40コラム1）にも軍艦まがいの公船を次々侵入させてきています。経済的な相互依存関係がこんなに非力なものだったことに、欧米はびっくりしましたね。私もびっくりです。ロシアとの石油や天然ガスの貿易額を増やしてきたヨーロッパは、経済制裁で自分たちの方がダメージを受けている。

瑤子　冷戦終結で喜びすぎたという気がしますね。

木村　これに対してリアリズムは、性悪説で、国内でも警察がない状態で放っておけば犯罪が絶えないように、国どうしも他国の富や領土を求め奪い合いをする、それが当たり前だという世界観ですね。国際法や国際条約の有効性もあまり認めません。国際関係は、国内関係の警察に当たる中央政府がない無政府状態にある、とみています。

瑤子　それが当たってしまっていますね。性善説のリベラリズムというのも、必ずしも非武装論をとっているわけではないと聞きました。

木村　そうです。リベラリズムの学者でも、最低限度の戦力は持つ必要があるというのが定説になっていますね。そして、リアリズムでは、勢力の均衡、パワーバランスというのが重視されます。この均衡が崩れた時に戦争が起こりやすいというわけですね。

瑤子　実際にはどちらが合理的なんですかね。どちらか一方で説明しきれるんでしょうか。

木村　できないと思いますね。でも、五つの常任理事国間に厳しい対立関係があって、国連が強制力を発揮できないという、「無政府状態」に近づいている現状では、リアリズムによるアプローチを重視せざるを得ないでしょう。

瑤子　でも、民主主義国家間には戦争は起きていないんですよね。

木村　そうですね。最近では、「民主主義国家間の紛争はリベラリズムで、民主主義国家と独裁国家の間はリアリズムで説明しやすい」という二元説もあります。そこにウクライナ侵略戦争とイスラエル・ハマス間の戦争が起きました。こうなると、リアリズムの立場の方が説明しやすい事柄が増えてきそうですね（『安全保障学入門』防衛大学校安全保障学研究会・武田康裕＋神谷万丈責任編集、亜紀書房、『安全保障の国際政治学』土山實男、有斐閣、『日本の安全保障と憲法』加藤秀治郎編、南窓社、『進化政治学と国際政治理論』伊藤隆太、芙蓉書房出版、参照）。

コラム1●尖閣諸島が日本の領土とされる根拠

日本政府は、1895年（明治28年）無人島で、他国の支配が及んでいる痕跡がないことを確認したうえで、尖閣諸島を沖縄県に編入する閣議決定をしている。その後、日本人が移住している。最盛期で約200人。徴税も行われていた。1919年に中国の船舶が遭難し、これを日本人の住民が救助した際、中華民国在長崎領事から、感謝状が日本側に対して贈られた。その感謝状の中に、遭難した位置を「日本帝国沖縄県八重山郡尖閣列島」と記載していた。同様の感謝状は最近発見されたものも含め合計7通発行されている。

戦後も、中国共産党の機関紙や、中国の作成した地図にでも、尖閣諸島は日本領としてあつかわれてきた。これらの事実から、尖閣諸島が日本の領土であることは確認できる。中国は1970年に海底資源が発見されるまで、尖閣諸島について領有権を主張したことはない。中国側は最近発見された中国の古地図に、尖閣諸島が載っていることなどを領有の根拠としているが、それだけでは領有の根拠とはならない。

第2章　長谷部教授の不思議な自衛隊合憲論

〈この章のねらい〉
学者や政党の自衛隊合憲論を紹介する。なかんずく長谷部教授の虚偽とそして矛盾に満ちた自衛隊合憲論を詳細に紹介する。

1　木村草太教授のすっきり合憲論

瑤子　さきほど、憲法学者の中にも、自衛隊合憲という人がでてきているというお話がありましたよね。

木村　そうですね。全体の23％です。その中でも、メディアの中で活躍されている木村草太さんに僕は注目しています。木村さんはこんな風にいってますね。憲法9条だけ見ると、武力は持てないと書いてあるように見えるけど、憲法はそこだけ見ていてはいけないですよと。そこで、9条の4つあとの憲法13条の方を見ると、国民の生命や自由や幸福を求める権利について、国政の上で、最大の尊重をする義務が国にはある、と書いてある（巻末資料参照）。

瑤子　この国民の権利を幸福追求権という学者が多いようですね。私の先生からは、幸福ではなく幸福を追求する権利としたことが大切だといわれました。幸福を保障するといってしまうと、国家が何が幸福かを決めてしまうことになるのが問題だと。何が幸福かは国民が自分で決める、国は国民が自分で決めた幸福を追い求めることを支援する。この、追求、という二文字がすごく大事だということでした。

木村　素晴らしい先生ですね。私もそう思います。「国民にとってはこれが幸せなんですよ」というふうに、何が幸せかを国が決めるというのは、たとえば社会主義とか共産主義とかイスラム国家です。ここでは幸福とは何かを指導者が決めてそれを国民に押し付ける。これと違って、それぞれ個人が決めた幸福の追求を支援するのが自由主義国です。

瑤子　何が幸福かを国が決めてしまう国家は、独裁国家になりやすいということですね。

木村　そうです。木村草太さんはこの13条を使って、国民の生命や自由や幸福を求める権利を最大限に尊重する義務を国家が果たすために何が必要か、と問うわけです。その結果として、この重大な義務を果たすためには、外国からの武力行使から国民の権利を守るための必要最小限度の戦力を持たなければならない、と論じています。憲法13条は憲法9条の例外を定めている、と読むわけです。

瑤子　木村草太さんは、自衛隊を持つことは、国民の命や権利を守るための国の憲法上最大の義務を果たすためなのだから合憲、というわけですね。

木村　その通りです。政府解釈みたいに自衛隊は戦力でない、なんて白々しいうそはいわない。実に堂々としてます。条文の配列からいっても、先にある条文で原則を定めて、後の条文で例外を定めるということはよくあることで、座りもいいです。国の言い分よりは数段上の、無理のない憲法解釈だと思います。自衛隊合憲論のスタンダードを作ったのが木村草太さんだと思います。

2──長谷部教授の不思議な合憲論

木村　それに比べて、長谷部恭男さんの説はとても不思議なものなんです。

瑤子　長谷部先生は、日本が攻撃されたら反撃するという個別的自衛権は合憲、自衛隊自体は合憲という立場ですよね。

木村　そうです。ですけど、かなり不思議な合憲論です。長谷部さんの自衛隊合憲論は、根拠が二つになっています。
一つ目はこういうことです。

「急迫不正の侵害に対して実力の行使なくして対処することは不可能であるから、個別的自衛権の行使が憲法9条の下で認められることは良識にかなう」。「外敵を排除するための実力行使を全く認めないという主張は、明らかに非常識である」。「条文を素直に理解し、それに頑固に従えばよいという主張は（中略）憲法の理解としては、論外である」。「良識を弁（わきま）えない人々の主張」。

（『論究憲法　憲法の過去から未来へ』有斐閣、P.450、『安保法制から考える憲法と立憲主義・民主主義』有斐閣、P.2　その他）

瑤子　長谷部先生の説に反して、個別的自衛権の行使を認めない学説は、良識に反していて、非常識で論外だということですね。ひどいけなしようですね。なぜ自分の説が良識にかなうのか、なぜ反対説が良識に反し非常識で論外なのかということについて、理由は書かれているんですか。

木村　個別的自衛権行使を認めなければ、他国からの侵略に対して対処できない、法律学は社会に貢献できない、ということしか書かれていないないですね。良識も常識も論外も法律用語ではないので、広辞苑で引いてみると

良識　社会人としての健全な判断力
常識　普通一般人が持ち、また持っているべき知識
論外　論ずる価値がないこと　もってのほか

とあります。

瑤子　そうすると、自衛隊違憲論の人は健全な判断力も知識も欠けていてもってのほかだという評価なんですね。でも、学界では自衛隊違憲論が多数説なわけですよね。

木村　その通りです。そこで、そういう決めつけだけで終わってしまうというのは怖いですね。

瑤子　70年以上続いた長い論争がまだ決着を見ていないわけですよね。そもそも人によってこれが良識だと思うことが違うから論争になっている。そのことをどう考えるかですね。

木村　少しくり返しになりますけど、自衛隊違憲論の学者は、こう論じているんですよ。軍隊を持てば相手も持つ、相手が軍備を増強すればこちらも増強する。いままさに安全保障のジレンマ（P.24）の最中にあるわけですね。その結果として、いま朝鮮有事（北朝鮮韓国とを当事国とする戦争）、台湾有事（中国台湾を当事国とする戦争）、ということが現実味を持ってきている。戦力を持った結果生ずる危険より、戦力を減らしていって、最後はなくす方法が持つリスクの方が低い。そう考えていると思います。自衛隊違憲説にも、様々なバリエーションがあるわけですから、学界の少数説である長谷部さんとしては、「論外」の一刀両断ではなく、もっと丁寧な議論をするべきだと思います。

瑤子　少なくとも、自衛隊違憲論は9条の文言に忠実なわけですし。

木村　その通り。文言からいったら長谷部さんの方がものすごく分が悪い。実は、長谷部さんはその著作の中で、非武装平和を一つの選択肢として認めているんです。『憲法と平和を問いなおす』（ちくま新書、P.161）、『憲法の理性（増補新装版）』（東京大学出版会、P.21他）という本の中ですが、そこで長谷部さんは、おおよそ次のようにいっています。

①憲法9条から、軍備を持つこと、その軍備を用いてできることについて、はっきりし

た限界を引き出すことができるだろうか。
②それができないのであれば、完全な非武装の方が優れているのではないか。

さて、どうでしょう。

瑤子　軍備を認めたおかげで暴走されるよりは、軍備はない方が勝っている、ということですね。自衛隊違憲論そのものですね。そもそも、9条の文言自体から、軍備をここまで持ってもいいよ、とか、だけどその軍備を使ってやれることはここまでだよ、なんていうメッセージを読み取ることは不可能です。

木村　そうですよね。9条は軍備は一切持つなといっているわけですから。

瑤子　とすると、②の完全非武装に行き着くほかないということですよね。

木村　これは、「9条があるにもかかわらず軍備を持つことを認めたら、際限のない軍備の強化を認めることになり、平和ではなくなってしまう。だから軍備は一切持たない方がいい」という完全非武装平和主義の主張を、少なくとも選択肢として認めたものとしか僕には読めません。

瑤子　非武装平和主義を、良識にかなわない、非常識だ、論外だといったのと、全く矛盾しますね。

木村　その通りです。

3　長谷部教授と非武装平和主義と立憲主義と

木村　長谷部さんの自衛隊合憲論のもう一つの理由はこうです。まず、価値観の多様性を保証することが立憲主義だ、ということが長谷部さんの大前提になります。そのうえで、非武装平和というのは特定の価値観であり、国がその非武装平和主義を採用することは、他人にその特定の価値観を押しつけることになるから、価値観の多様性を保証する立憲主義に衝突する。したがってこれはとることができない、という主張になります（『憲法８』新世社、P.21、『憲法の良識』朝日新書、P.136他多数）。

瑤子　それだけなんですか。なにか変ですね。非武装平和主義の人たちは、武装平和主義の方が特定の価値観だと思っているわけですよね。そしてその武装平和の価値観を押し付けられたくないと思っている。ところが現在は、国が武装平和主義を採用している結果、非武装平和主義の人は、武装平和主義という特定の価値観を押し付けられていることになりますよね。これも価値観の多様性を保証するはずの「長谷部流立憲主義」に衝突してるんじゃないでしょうか。そうだとすると自衛隊は認められない。

木村 そうですね。どちらも特定の価値観なのに、なぜ非武装平和主義だけが立憲主義に反するという理由で排除されるのかということですね。

瑤子 条件の違いはともかくとして、現にコスタリカのように、軍隊を持たないのに平和に暮らしている国はあるわけですよね。

木村 世界に約30ヶ国あります。

瑤子 随分多いんですね。ここで長谷部先生が立憲主義というものを持ち出すのもおかしいように思いますけど。

木村 国の安全保障政策の問題に価値観の多様性を保証するということを持ち出すと、非武装平和主義をとればそれ以外の人の価値観が侵害される、武装平和主義をとれば非武装平和主義の人の価値観が侵害されることになって、結局どちらにも決められないという最悪の結果になりますね。国は自然死するしかない（笑）。

瑤子 長谷部先生はその点については。

木村 まったく問題意識がないですね。僕の見る限り、その問題に触れていませんね。やはり、安全保障という高度に公共性のある制度の設計には、価値観がどうこうという個人的で主観的なものを持ち込むのはおかしいでしょう。価値観の違いを乗り越えてできるのが多数決です。

瑤子　そうですよね。多数決で決めるしかないという考え方になるはずですね。

木村　特定の価値観を押し付けてはいけないというのが立憲主義だというのは、アメリカのカソリックの学校が、地動説や進化論を認めない教育をしている、というような場面を想定した議論ではないですか。そもそも宗教的信条による支配がそれほど強くない日本で、価値観の押しつけを排除するのが「立憲主義だ」という必要があるのかが疑問ですね。

瑤子　日本で価値観の押しつけが生じた場合には、憲法19条の思想信条の自由を使って解決すれば足りるように思いますね。立憲主義を持ち出す必要ないですよね。結局長谷部先生の自衛隊合憲論の理由は、二つとも全く合理性がないですね。

コラム2●長谷部教授の明白な嘘

実は、長谷部氏が個別的自衛権を合憲と判断するための根拠として挙げている客観的な資料がたった一つだけある。それは、憲法の公布の日に政府によって出版された書物である。これについて、長谷部氏は多数の著作の中に以下のように記している。

ア「憲法の公布と同時に政府によって刊行された『新憲法の解説』は、「戦争の放棄」に関する部分で（中略）、憲法9条の存在にもかかわらず、自己防衛の手段がなくなるわけではないことを指摘している」

イ「ここで政府がいう「自己防衛」の手段は、国際連合憲章の認める自衛権のうちの個別的自衛権を指すものと理解するのが素直である」（『論究憲法』有斐閣、P.451、『憲法講話』有斐閣、P.48など多数）

アは確かにそうである。しかしイは明らかな嘘である。「新憲法の解説」では、その編者である高見勝利氏は明確にこのようにいっている。全文を読んでいただきたい。

「本規定（9条）により我が国は自衛権を放棄する結果になりはしないか、という点が誰しも感じる疑問であろう。しかし、日本が国際連合に加入する場合を考えるならば、国際連合憲章第51条には明らかに自衛権を認めているのであり、安全保障理事会は、その兵力を以って被侵略国を防衛する義務を負うのであるから、今後我が国の防衛は、国際連合に参加することによって全うされることになるわけである」

この文章全体を読んで、日本政府が独自に個別的自衛権を行使することによって安全保障を図ろうとしていたと読む学者はいないであろう。長谷部氏もまさかそう読んだはずはない。

この解説はどう読んでも、新憲法公布時の政府が、「日本が国連に加入すれば、国連安保理が国連軍を使って日本を守ってくれる」と考えていた、としか読めない。ここで「自衛権が国連憲章により認められている」といったのは、「国連の被侵略国を防衛する義務」を引きだすためである。このことは文脈上明白である。

ところで、国連憲章では国連軍に関する規定はこうなっている。

国連憲章第7章第42条〔軍事的措置〕

安全保障理事会は、（中略）国際の平和及び安全の維持又は回復に必要な空軍、海軍又は陸軍の行動をとることができる。この行動は、国際連合加盟国の空軍、海軍又は陸軍による示威、封鎖その他の行動を含むことができる。

長谷部氏が取り上げた「新憲法の解説」は、文章全体を読めば明らかに当時の政府がこの国連の軍事的措置により、日本の防衛が果たされると考えていたことを示すものである。すなわち新憲法公布当時の政府が、日本が自前の戦力によって自国と国民を守ろうとしていたと考える余地は全くない。このことは同時期に発行された文部省の中学生向け副教材（本書P.209）の記述によっても明らかである。

長谷部氏の先の文章イは、政府の解説のひとつの文章の一部の文字だけを取り上げ、一番肝心な部分を隠し、これに尾ひれをつけて、いかにも当時の政府が個別的自衛権によって日本を守ろうとしていたかのように装って自説の根拠としたものであり、これは学者としての倫理にもとる大ウソである。このような意見書を裁判所に提出して、これに基づき証言したことは、偽証罪に当たる恐れすらある。

4 ─ 与野党こぞって自衛隊合憲論へ

瑤子 日本の政党の自衛隊に対する態度も昔とは変わってきてますね。

木村 そうですね。今の社民党の前身だった社会党は一貫して自衛隊も日米安保条約も憲法違反で貫いてきた党ですね。

瑤子 でも、政権をとったら変わったんですよね。

木村 そうです。社会党は94年にですね、自民党、さきがけ、と一緒に政権をとるんですね。自社さ政権。この時社会党の委員長だった村山富市さんが内閣総理大臣に就任するんです。で、その直後の所信表明演説で、自衛隊は合憲、安保条約は堅持、とブッんですね。自衛隊の観閲式でも隊員の敬礼を受けて車から隊員に手を振ってまわるし。

瑤子 そうそう。母はテレビでそれを見て笑いが止まらなかったといってました。

木村 いや、でも少し同情しちゃうよね。野党でいる間は結果に責任がないから何でも言えたのに、仮にも一国一城の主となったら、もともとの主張だったはずの、自衛隊解散！安保廃棄！とかいえなくなったということですよね。

コラム3●政権をとると合憲へ

野党だった時と与党になってからで基本政策が変わった例としては、この他にも92年成立のPKO法の時の野党第一党だった民主党の反対運動がある。PKOは受け入れ国の同意を得て国連が行う平和維持活動である。1992年日本は初めてカンボジアの道路の復元を目的とするPKOに自衛隊を派遣した。このPKOに自衛隊を派遣することを認めるPKO法案の審議にあたって、PKOへの参加は自衛隊の海外派兵になるということで、大規模な反対運動がおこった。この時、憲法学者の8割がPKO法は憲法違反ということで反対し、90年代では最大の反対デモが行われ、世論も割れていた。

法案成立間近には、後に総理大臣になる菅直人氏は、衆院本会議で、自衛隊をPKOに行かせてはいけないとして、制限時間を過ぎても延々と演説し、衛視に演壇から引きずり降ろされる、という一幕もあり、法案の成立を拒むために激しい闘志を見せた。

しかし、09年政権を奪取し、10年に首相となった菅直人氏はあっさり、ハイチと南スーダンに自衛隊を派遣した。南スーダンは現地で内紛が続いていて、自衛隊の派遣は戦闘に巻き込まれる危険があるということで、市民団体は反対していた。その後、菅氏は防衛大学の卒業式に出かけて「諸君がここで培った技能をぜひPKOなどの活動で発揮してください。それが日本の国益につながる」と演説している。また、その後国連にいっても、日本はPKOなどで積極的に国際貢献をすると演説している。

第2の例として、やはり民主党が政権を取ったときの選挙の公約に、沖縄の基地についての政策があった。その公約は、普天間の基地を辺野古に移設することをやめる。最低でも沖縄県外に移す、というものであった。しかし、政権を取った鳩山由紀夫政権は「日米同盟や戦争を抑えこむためには辺野古以外というのは難しい」として沖縄の県知事に謝った経緯がある。

民主党政権が倒れて、その後に民主党の流れをくむ立憲民主党が設立されたが、その立憲民主党の公約には、辺野古移設断固反対と記されている。

5 ― 混迷する共産党の自衛論

瑶子 共産党の方は、まだ自衛隊違憲説ですよね。

木村 そうなんです。自衛隊も安保条約も憲法違反と綱領に入っています。

瑶子 でもこの頃の共産党はソフトになったのか方向を変えてきましたよね。

木村 そうです。一つには、他の政党と連立するために、安全保障政策のハードルを下げてきている。01年の共産党大会の中で「自衛隊が憲法違反という認識には変わりはないが、日本に対する急迫不正の主権侵害があったときは、憲法が改正されていなくても自衛隊を出動させて反撃する」といい出すんですねえ。安保条約についても大体同じです。

瑶子 憲法違反なのに防衛出動させるんですか。

木村 そこですね。共産党は、国に憲法を守らせる立憲主義を一番の売りにしている政党ですからねえ。立憲主義からいうと、憲法に違反しているものは絶対無効。ということは、憲法を改正しないまま自衛隊に防衛出動命令を出しても、それは憲法違反で無効ということになります。

瑤子　当然そうなりますよね。それはまずいと思います。無効の命令では国を守れないでしょう。やっぱり本音は自衛隊は合憲だということなんですね。

木村　そうですね。共産党が公の大会で「いざというときは自衛隊を使う」といっているということは、実質的には、共産党も自衛隊を合憲と認めたというふうにとるべきでしょう。共産党も自衛隊を認めるように憲法の解釈をはっきり変えないと一貫性がないと思います。

瑤子　ほかの政党との連立も考えて、政策を変えてきたということですけれど、それと同時にこういう事情があるんではないでしょうか。自衛隊解散というと、無党派や中間層の票が入らない。かといって、自衛隊を合憲といってしまうと、共産党の岩盤支持層が動揺する。このどちらも避けようとするので、「違憲だけど使う」という、混乱した政策になっているんじゃないでしょうか。

木村　そうでしょうね。だけどこうなると、21世紀に入ってからは自衛隊そのものが憲法違反だといっている政党は、実質上なくなったということですね。

瑤子　でも、自衛隊が大きくなり過ぎているとか、余計なことに手を出し過ぎているとかいう批判はたくさん出ていますよね。

木村　その象徴が集団的自衛権です。そこが今の最大の争点の一つですね。でも、21世紀になって、少なくとも国会内では、自衛隊そのものを認めるか認めないか、100か0かという時代ではなくなったということですね。

第2部　長谷部教授と集団的自衛権

第1章　長谷部教授の不思議なアイスクリーム

〈この章のねらい〉

長谷部教授の論稿には不適切な比喩が多い。集団的自衛権をアイスクリームに見立てる比喩は、長谷部教授の教養書には、集団的自衛権について述べる時にはほとんどといっていいほどつかわれる比喩である。この比喩自体の不適切性と、その結果生ずる長谷部理論の自己矛盾とを明らかにする。

1―集団的自衛権はアイスクリームと同じか

瑤子　仮に自衛隊が合憲だということになった場合、そこで大きな問題になってくるのが、集団的自衛権の行使ですね。15年の国会ですごく紛糾しましたね。その頃高校生で受験期でしたけど、友達は国会前のデモに参加していました。

木村　集団的自衛権の行使というのは、日本が直接攻撃されていなくても、例えばアメリカが攻撃されたときに、アメリカからの要請があれば、自衛隊がアメリカを守るために武力を使って反撃できるということです。同盟国からの要請に限られません。密接な関係にある国からの要請であればよい。例えば韓国台湾であってもいいことになります。国連憲章ではこれが認められていますが、9条がある関係で、日本にも取り入れることができるのかどうかですね。

瑶子　長谷部先生はどうおっしゃっているんですか。

木村　ちょっと驚きですよ。長谷部さんは集団的自衛権を持つべきかということについて、こんな風にいってるんです。まず、国連憲章で集団的自衛権は認められているけど、それを自分の国で取り入れるかどうかはその国の自由だ。ここまでは当然のことです。その後がすごい。それは「アイスクリームを食べる権利は誰にでもあるが、自分の健康のことを考えて食べないことにするのと同じだ」といってるんです（『憲法と平和を問いなおす』ちくま新書、P.162他多数）。

瑶子　え、アイスクリームを食べるか食べないかの違いなんですか。

木村　この比喩はあまりにもひどいですね。長谷部さんはすぐ比喩に頼る癖があるんだけど、たいがいその比喩の出来が悪い。そのなかでも、この比喩は最悪ですね。

瑤子　長谷部先生の学説の中で、この比喩はどういう位置づけになるんでしょう。

2——長谷部教授は公私をはっきり分けろというが

木村　憲法の仕組みを考えるうえで、「公」と「私」の領域をはっきり分けなければいけない、というのが長谷部さんが再三強調していることなんです。そのうえで長谷部さんは、「私」の領域では一人一人の自主的な判断を徹底的に尊重する。だけど、「公」の場面、例えば警察とか消防というような公共的なサービスの在り方については多数決できめる、そういう学説なんですね（注、ただし他の学者からは、そんなにきれいに公私には分けられないなどと批判されている）。

瑤子　そうすると、アイスクリームを食べるかどうかは完全に「私」の領域でしょう。それは好みで決めればいいでしょうし、その判断の自由は尊重されなければならない。でも明らかに公の領域、国と私たちの命に係わる安全保障政策の例えに持ち出すというのはどうなんですか。

木村　僕は長谷部さんの失言かと思ったんだけど、そうじゃない。長谷部さんはほかでもおんなじことを何度もいってるんですね。他の著書の中でも再三アイスクリームの例えを使っています。ネットメディアの取材を受けたときには、「タバコを吸う権利は大人であれば誰にもあるが、健康のことを考えて、僕はやめておくというのがおかしくないのと同じ」、といってる。確信犯なんです。長谷部さんは国の安全保障にかかわる選別を、個人の食生活などでの選択や嗜好の問題にたとえているんです。

瑤子　比喩だったとしても、その比喩はおかしいですね。個人にはその後ろに家族くらいしか保護する人はいないけど、国の後ろには1億2000万人の国民がいるわけだから。アイスクリームはいりません、でポイできる問題じゃないですよね。

木村　大体、誰かがアイスクリームを食べるか否かで、他の人には何の不都合も生まれませんからね。

瑤子　比喩をどうしても使いたいなら、もう少しまともな比喩を使ってほしいですね。アイスクリームの比喩でいくと、集団的自衛権を持つことは、趣味嗜好の問題で、どっちでもいいことなんだ、というふうに聞こえますよね。比喩でいうとすれば、せめて「末期がんの患者が、手術をするか否かは重大な問題だが、医師から十分説明を聞いたうえで、患者に選ぶ自由がある」、ぐらいにしたいですね。

木村　確かにそうですね。その比喩なら「集団的自衛権を行使するかどうか」、ということは国が自由に選ぶことができ、最終的には国民に決定権がある、ということがわかりますよね。瑤子さん、Ｇｏｏｄ ｊｏｂ。長谷部さんは、ここでは「アイスクリームを食べるか否かの問題」と軽くいっときながら、後になると、「個別的自衛権と集団的自衛権とは全く本質を異にするから自由に選べない」といいだすんです。これは自己矛盾です（これはコラム5で詳しく取り上げます）。

瑤子　ま、はっきりしているのは、集団的自衛権が長谷部先生の「私」の部分の個人的趣味に合わないらしいということですね（笑）。

木村　きっとアイスクリームもすごくお嫌いなんでしょう（笑）。

第2章　変更された政府解釈

〈この章のねらい〉

自衛隊の役割については、昭和35年（60年）からの政府の公式解釈として「集団的自衛権については9条の範囲を超える。憲法改正しないと行使できない」とするのが定着していた。集団的自衛権とは何か。この解釈は法律上どんな効力を持っていたのか。この解釈を覆したことによって、どのような論争が生まれたのか、を明らかにしていく。

1―集団的自衛権の行使は必要か

木村　集団的自衛権というのは、昔からある「義によって助太刀いたす」の助太刀です。自分が攻撃を受けていないのに、攻撃を受けている国に助太刀するという権利です。

瑤子　集団的自衛権というから、最初からグルになってドンパチやる権利のように聞こえますけど、同盟国などが攻撃されているときに、助太刀をできるかどうかということなんですね。その集団的自衛権について、14年に政府の解釈が変わったんですよね。

木村　もともとの政府解釈では「自分の国への攻撃があったときに反撃する」という個別的自衛権の行使だけが9条で許されていて、日本に対する攻撃がないのに、他の国に攻撃があったからといって、その国への助太刀をする、集団的自衛権を行使することは憲法上できないとされていました。ですから、集団的自衛権は9条で許されている必要最小限度の自衛権の行使を越える行為、越権行為だからというわけです。集団的自衛権の行使は、憲法を改正しなければならないというのが、一貫した政府の立場でした。

瑶子　長いこと集団的自衛権は行使できない、というのが政府の見解だったんですね。でも安倍政権でこれが変えられたということですね。私の憲法の先生は、個別的自衛権も認めない先生でしたから、かなりショックを感じておられるようでした。個別的自衛権についても集団的自衛権についても、憲法を改正しない以上認められない、とおっしゃってました。

木村　安倍晋三政権は、日本をとりまく安全保障の環境が大きく変わってしまって、個別的自衛権だけでは不十分だからといって、例えばアメリカ軍が攻撃された場合、日本が攻撃されていなくても、「時と場合によっては」アメリカ軍に武力で助太刀しよう、という方向に舵を切ったんですね。これが15年にできた新しい日本の安全保障法制、新安保法の問題です。

コラム4●「新安保法（安保法制）とは」

２０１５年成立の新安保法の全体像は以下の通りである。

新安保法は、１本の法律ではなく、すでにあった10本の法律の改正と、１本の法律の新設からなっている。主な改正の内容は以下の通りである。

まず改正法としては、自衛隊法が多く、以下の改正が行われた。

１（在外日本人の警護など）自衛隊の業務に、外国における緊急事態に際して生命または身体に危害が加えられる恐れがある日本人の警護、救出などが加えられた。今までは、輸送のみで、警護や救出はできなかった（自衛隊法84条の3）。

２　米軍などへの協力の拡大

共同で日本防衛に当たる外国軍や共同訓練中の外国軍の警護のために武器弾薬を使用

できるようにした。ただしこれは、正当防衛や緊急避難の場合に限られる。

3　PKOについて、隊員の正当防衛だけでなく、業務の遂行を妨害する行為に対しても武器使用が認められた。

4　日本の平和や安全に重要な影響を与える事態となった時には、外国軍を後方から支援することが認められた。重要な影響を与える事態、というのは、存立危機事態より危険度が低いレベルである。

5　限定的な集団的自衛権の行使
日本と国民に存立危機事態（放っておけば息の根が止まるような事態）が生じたときには、日本が攻撃されていなくても、他国に助太刀する。

2　存立危機事態とは

瑤子　どんな場合でもアメリカに助太刀するというわけではない。時と場合っていうところが一つのポイントですね。

木村　助太刀しないと日本の存立が脅かされ、国民の生命、自由及び幸福追求の権利が根底から覆される明白な危険がある事態が生じたときという限定がついているということですね。この限定のことを「存立危機事態」といいます。

瑶子　要するに、放っておけば日本と日本人の息の根が止まることがはっきりした事態ということですね。木村草太先生が個別的自衛権を認める根拠にした、憲法13条の「国民の生命、自由及び幸福追求の権利」がここでまた要件として出てきますね。

木村　そう。歴代政府も個別的自衛権の行使が必要なのは、憲法13条に書かれた国民の生命や権利を守るためやむを得ないとき、といってきました。

瑶子　それを集団的安全保障の方にも持ってきたわけですね。

木村　そうです。もともと憲法13条には個別的自衛権とか集団的自衛権はないわけです。13条は、国民を守ることが国の最大の義務だ、とだけいっているわけです。ですから、13条で自衛隊を認める木村草太さんのような立場に立った場合、個別的自衛権であろうが集団的自衛権であろうが、放っておけばはっきり国と国民の息の根が止まるような場合については、13条によって自衛権の行使ができるんじゃないか、という見方もできます。

第3章　限定要件は縛りになるか

〈この章のねらい〉
地球の裏側まで自衛隊が行くことになったが、そのためにアメリカの戦争に巻き込まれる、というリスクは高いのか、を考えてみる。

1―要件は曖昧過ぎるか

瑤子　木村草太先生は集団的自衛権についてはどうおっしゃっているんですか。

木村　限定的集団的自衛権を認めること自体を違憲とまではいっていないんですが、限定する要件、特に存立危機事態「日本と国民の存立に明白な危機」というところが曖昧で、曖昧だから憲法違反になる。この書き方では政府に対する白紙委任になってしまうので憲法違反、といって反対していました。ただし、新安保法が成立した後は、考えを変えておられると思います。

瑤子　でも、その主な要件は個別的自衛権を行使するときの要件として70年間使われてきたものですよね。集団的自衛権についての限定は、個別的自衛権の限定と同じ文言です。なぜ木村草太先生は、同じ限定がされているのに差をつけたんでしょうか。なぜ、要件が曖昧だといわれるんでしょうか。

木村　集団的自衛権についての限定は、個別的自衛権の限定と同じ文章なのに「要件が曖昧だ」というのは、ちょっとわかりにくいということですね。おそらくこういうことだと思います。個別的自衛権の時は、日本に向かって敵の弾が飛んでくるわけだから、こちらの息の根が止まるような危険な事態かどうか判断はしやすい。ところが集団的自衛権の場合はまだ日本に対する攻撃がないわけですから、存立危機事態の判断が微妙になる。だからこの程度の限定ではだめだ、ということだと思いますね。

瑤子　要件が曖昧で憲法違反となった判例はあるんですか。

木村　日本ではありません。木村草太さんはアメリカの判例をベースにいっていたんじゃないでしょうか。日本でも、罪刑法定主義があるので、要件が曖昧なものはいけないのですが、要件が抽象的で曖昧でも、実際には裁判所がその要件を絞った解釈をして、結局合憲としています。最高裁判所も、文言の表現力に限界があること、法律としての性質上多かれ少なかれ抽象性を持つことは避けられないこと、などを理由として、要件が抽象的ではあっても合憲としています。

瑤子　よく例に出されますけど、わいせつ罪の、なにをもってわいせつというかは定義が難しい。

木村　そういうことです。法律がある範囲で曖昧性や抽象性を持つことが避けられないことについては、長谷部さんも認めていますね（『憲法の論理』有斐閣、P.122以下）。

瑤子　もともと抽象的で曖昧な規定の多い憲法の解釈についてどういえるかですね。

木村　そうですね。例えば、木村草太さんイチ押しの憲法13条は、人権の尊重について、「公共の福祉に反しない限り」という制限を設けています。何が公共の福祉に反するかは曖昧かといわれれば非常に曖昧です。それでも、公共の福祉という文言は曖昧で、人権擁護についてリスクが高いから、これを改正しよう、という学者は一人もいませんからね。文言としては曖昧でも、いろいろな事情を総合してその条文を解釈した判例が山のようにあって、その中でだんだん具体的な基準が明らかになってきます。

瑤子　それは、他の憲法の条文でも同じですよね。

木村　そうです。憲法の条文のうち、国会議員の任期とか、衆参両議院の議員の兼職の禁止とか、およそ半分ぐらいの条文は文言が具体的で、あまり解釈の余地はありませんが、その他の条文、特に人権についての条文はみんな抽象的で、文言を読めばすぐ答えが出るようなものはありません。

瑤子　私も、他の法律に比べて憲法の条文の曖昧度は高いと思います。「第19条　思想及び良心の自由は、これを侵してはならない」とありますけど、思想はともかく「良心」となってくると法律的な意味をつかまえるのが難しいです。同じことは、裁判官の独立のところにもあって、「すべて裁判官はその良心に従い」とくる。ああ、また良心が出たあ！ 難しいなあと思いました。大学でも憲法は苦手意識がありました。先生は情熱的で素敵な先生だったんですけど（笑）。でもそれはものごとの一番基本を押さえようとする法律ですからやむを得ないでしょうね。

2 ― 文言で縛りはかかっているとしても

瑤子　もどって新安保法の集団的自衛権を限定する条文ですけど、憲法の学者から、もっとこういうふうに厳しく限定するべきだ、という提案は出ていないんですね。

木村　今のところ出ていません。

瑤子　私はこの限定要件でもかなり縛りがかかっているようにも読めますけど。

木村　そうですね。元内閣法制局長官の大森政輔さんは長谷部さんとの対談の中で、集団的自衛権の行使を限定する要件について、「文言から見ると非常に狭く限定的な事態においいて集団的自衛権行使が認められたにすぎないのだと読めようかと思います」といっています。

瑤子　文言だけなら限定されていると。それでも心配なことがあるんですね。

第4章　地球の裏側まで行く自衛隊とは

〈この章のねらい〉

新安保法では、緊急事態で危害を加えられる恐れがある在外日本人の保護が自衛隊の任務に加わり、またホルムズ海峡での機雷除去活動が加わるのかが論争になった。54年の海外派兵禁止決議との関係からも、大きな論点となっている。機雷というのは、艦船が接触した時に爆発するように作られた兵器で、船舶が接触しやすい高さで浮いている。

1——ホルムズ海峡が機雷で封鎖されたら

木村　長谷部さんも大森さんも含めてですが、心配しているのは、その法律の文言そのものではないようですね。政府側の国会での答弁内容が不明瞭で、そこから、政府がその限定的な要件を無視したりとか、拡大解釈して海外派兵も含めて行動する不安がある、ということのようです。それは例えば、この存立危機事態、日本人と日本の息の根が止まる事態というのは地球の裏側でも起こりうる、というところにもあります。

瑤子　具体的にはホルムズ海峡が機雷によって封鎖されたときに、この機雷を取り除く活動ができるのか、という問題ですね。国会でも随分質疑がなされていました。

木村　そうです。ホルムズ海峡というのは、イランのわきにある海峡ですけど、ここはイランの核開発問題をめぐって軍事紛争が想定される地帯で、紛争の当事国がここを機雷で封鎖する可能性がある。日本が輸入する石油の8割、天然ガスの2割はこの海峡を通ってくるわけです。ここが機雷で封鎖された場合、短期的には備蓄で補えますが、長引いた場合には生存にかかわるような深刻な経済的打撃をこうむることがありうる。これを放っておくわけにはいかない、というのが政府の言い分です。

瑤子　機雷除去以外に解決方法はないんでしょうか。

木村　一応あります。一番確実なのは、石油や天然ガスをホルムズ海峡を経由しないですむ国、例えばアメリカから輸入することです。これも現在すでに進めています。しかし、これだけで足りるかどうかは、はっきりわかりません。

瑤子　深刻な事態が生じたときは機雷を除きに行くかもしれないということですか。これが地球の裏側までといわれているんですね。機雷を除去するだけなら、戦争にはならないような気もしますが。

木村 確かに機雷の除去は戦闘行為ではありませんが、国際法上は武力の行使に当たるとされています。

瑤子 だから、自衛隊を地球の裏側まで派遣して機雷除去するのは海外での武力行使で、海外派兵だし、新安保法の集団的自衛権の限定要件を超えている。政府は限定要件を守ろうとしていない、といって反対するわけですね。

木村 長谷部さんはこの機雷の除去のことを引き合いに出して、「条文に書かれた文言と政府の意図の間には、常人の理解を超えた異様な乖離《かいり》がある」といっています。

瑤子 かなり感情ムラムラな表現ですね。

木村 PKOに始まって、自衛隊が海外に派遣されることは日常化しているわけです。それなのになぜ、このホルムズ海峡への自衛隊の派遣について感情的とも見える反対をするのか、ですよね。長谷部さんの方からは、なんでそこまでいうのか具体的な説明がない。

瑤子 日本がホルムズ海峡に機雷除去のために自衛隊を派遣するということは、長谷部先生がおっしゃるような異常な行動なんですか。

木村　必ずしも、機雷除去は集団的自衛権の行使と見なくてもいいんじゃないかという意見もあります。

瑤子　個別的自衛権で行けるというわけですね。

木村　ホルムズ海峡を機雷で封鎖すると日本と国民の息の根を止めることになるんだとしたら、機雷による封鎖を日本に対する攻撃とみて個別的自衛権に基づいて除去するという方が筋が通っていると思います。

瑤子　たしかにその方がしっくりきますね。とすれば、個別的自衛権の行使としてそこまで認められるのか、ということであって、集団的自衛権の問題ではないことになりますね。それでも戦争には巻き込まれたくないですよね。機雷の除去には軍艦を派遣するんですか。

木村　機雷の除去に鉄製の船を使うと、機雷にやられてしまいますので、除去作業を行う船はプラスチックか木製の船です。武器などを装備した攻撃的なものではないといわれています。

瑤子　機雷の除去で自衛隊を派遣したことは前にもありましたよね。

木村　湾岸戦争の時に戦争終了後ペルシャ湾に行っています。この時の根拠になった法律は、自衛隊法の掃海任務「自衛隊法84条の2（当時99条）」に基づくものです（巻末資料機雷除去）。ホルムズ海峡に行くとすれば、同じ条文に基づいて行くことになります。

瑤子　そのペルシャ湾への掃海艇派遣については、どんな議論があったんですか。

木村　瑤子さんはまだ生まれる前のことですね。先例がないわけですから、野党はほとんど反対に回りました。でも逆に周辺国にはほとんど公式の反対はなく、むしろ積極評価の国もかなりありましたね。日本が除去してくれれば助かるという国もありましたし、特に中国と韓国からは外交ルートで了解が取れていました。世論調査でも賛成が反対をかなり上回っていました。戦争が終わった後の危険なごみ掃除なんだから国際貢献になる、というイメージが賛成多数につながったのではないでしょうか。

瑤子　野党の反対理由は。

木村　法律の面では、自衛隊法の掃海任務には地域の限定はついていないわけですが、立法した時の想定は日本近海での除去活動を予定していたはずで、遠洋のものまで想定していないはずだ。海外に行く根拠にはならない、というのがありましたね。でも、条文に海外に行けないとは書いていないし、行く先の戦争は終わっている、やる仕事は機雷を除去して海上の交通安全をはかるだけ、というわけですから、反対運動への支持はそれほど広がりませんでしたね。

瑤子　反対の理由には、海外派兵につながるというのもあったんでしょうね。

木村　それが最大の反対理由ですね。これを認めたら歯止めがなくなるというような。当時の社会党は「専守防衛の原則を根底から変えるもの」という声明を出して反対しました。これは少しピントがずれていると思いましたね。掃海艇には攻撃性はないですから。掃海艇が現地で除去活動をした場合に、戦闘行為に巻き込まれる恐れのある状況なのかが大切で、日本から距離が遠いということはあまり問題ないんじゃないかと僕は思いますね。

2　海外派兵禁止決議との関係

瑤子　海外派兵というと、ＰＫＯ法の制定が国会ですごく紛糾したんですね。

木村　そうですね。ＰＫＯ法の審議が翌92年ですけれど、これなんかは、海外派兵につながる、ということでかなり大きな反対運動が起こりましたね（P.55のコラム3参照）。いまはＰＫＯ法自体そのものが違憲という主張は国会内ではないようですけど。

瑤子　海外派兵を禁止した法律があるんですか。

木村　海外派兵を禁止した法律というのはなくて、根拠となるのは54年の参議院での海外派兵禁止決議なんですね。

昭和29年6月2日
参議院本会議
自衛隊の海外出動を為さざることに関する決議
本院は、自衛隊の創設に際し、現行憲法の条章と、わが国民の熾烈なる平和愛好精神に照し、海外出動はこれを行わないことを、茲に更めて確認する。
右決議する。

正確には海外出動禁止ですね。自衛隊創設の時に決議されています。国会の決議にどの程度の拘束力があるか、ということになるといろいろ意見があります。今まで決議が果たしてきた実態からみると、僕は慣習法であると思います。成文法によって否定されるまでは、法と同じ効力を持つもの、と思っています。海外出動禁止決議も、現在まで、政府の行為をギリギリ制約するのに大いに役立っている決議です。少なくとも今まで自衛隊が敵に対して1発も弾を撃っていないのは、この決議のお陰とまでいう人があります。

瑤子　ペルシャ湾への掃海艇の派遣はこの海外派兵には違反しないんですね。

木村　機雷の除去は敵に弾を撃つわけではないので戦闘行為にならない、というのが政府の解釈です。だから海外出動ではないというわけです。

瑤子　結局機雷除去活動は無事成功したんですね。

木村　特に事故もなく成功裏に終わってますね。日本の除去技術に対する海外の評価もかなり高かったようです。ともかくいままで金だけしか出さなかった日本が、ようやく現場に人を出したということですからね。国外では随分高く評価されたようです。

3──ホルムズ海峡の機雷除去

瑤子　ペルシャ湾の時には湾岸戦争の終わった後でした。ホルムズ海峡については、行くとすればどんな現地の状況で行くことになるのかまだわかりませんね。

木村　でも、ペルシャ湾での成功があるわけですから、長谷部さんの様にいかなる条件でも、何が何でも反対するという姿勢はどうでしょうかね。

瑤子　長谷部先生の議論には、もしホルムズ海峡が封鎖された場合、日本の石油や天然ガスの備蓄が切れるという可能性はあるのか、可能性があるとすればそのときどういう選択肢があるのか、という問題意識が全く含まれてないですよね。これは、アンフェアじゃないですか。

木村　そんな心配は一切要らない、というならいいですけど。それならそれで、その根拠を示していただきたい。

瑤子　でも長谷部先生は、新安保法の文言はよくても、大幅に拡大解釈されることを恐れていらっしゃるわけですよね。

木村　といってますよね。でも、法律が憲法違反かどうかは、条文の文言をもとにして、関連する諸事情を考慮して判断するのが普通だと思います。

瑤子　そこですね。法律の解釈に当たって、個々の政府が信用できるかどうかをいうのは、憲法学の仕事ではないように思いますね。

木村　もし法案の条文が不明瞭だから違憲だ、というのだとすれば、この法案の、この文言をこう直すならギリギリOK、ここを超えたらだめ、という意見を出すのが、法案を前にした憲法学者の役割だと思います。ポイントは存立危機事態という要件をもっと絞り込む方法があるのかにあると考えられます。

瑤子　木村草太先生に比べて、長谷部先生の意見は、長谷部先生の安倍政権の政治に対する嫌悪感が入りすぎていて、憲法の専門家らしい冷静さを欠いたものになっているように思いますね。ホルムズ海峡への機雷除去のための派遣だけで「地球の裏側まで」「常人の理解を超えた異様な乖離《かいり》がある」とかいうのはどうでしょうか。でも、新安保法ができてしまったら、その議論が全く国会に出てこないですね。

木村　長谷部さんも法案成立後にもたくさん新安保法のことを書いた本を出しています。ところがホルムズ海峡のことについて、突っこんだ話は書かれていないんですね。

瑤子　それもどうなんでしょう。「常人の理解を超えた異様な乖離《かいり》がある」とまでいっているわけですから。

木村　そうですね。ホルムズ海峡の問題は、日本のエネルギー問題に直結する問題ですが、まだ時間の余裕もあるし、他に解決策が取れるかもしれない。でも、いずれすごく切実な問題になってくる可能性はあります。いよいよの時になって、国会で大騒ぎするのではなくて、いまから与野党で協議して、自衛隊を派遣せざるを得なくなった場合をシミュレーションして、対策を立てておくべきだと思いますね。

瑤子　なるほど。解決策としてはどんなことが考えられますか。

木村　僕は、自衛隊法とは別に、ホルムズ海峡への自衛隊の派遣だけについての特別法を作って、その派遣について特化した緻密な要件をつけて、いざというときには、異論なく自衛隊がいけるようにした方がいいと思いますね。

瑤子　野党の方にそういう妥協策を考えている人がいるといいんですがね。

木村　地球の裏側まで自衛隊が派遣されるのは、ホルムズ海峡だけでなく、緊急時に海外にいる日本人を保護するための派遣という問題があります。生命または身体に危害を加えられる恐れがある日本人の警護、救出などをやる、ということが新安保法で初めて認められたんですが、同じ自衛隊の海外派遣の問題でも、これはあまり反対の声を聞きませんでした。

瑤子　長谷部先生はどうなんですか。

木村　僕の読んだ限りでは反対の発言が見当たりませんでした。同じ海外派遣になりますし、こちらの方がよっぽど戦闘行為に巻き込まれる可能性は高いと思うんですが、さすがにこれは反対しづらかったですかね。同じ地球の裏側に行く可能性のある問題なのに、これに反対しないのは一貫性がないと思いますけど。

コラム5●個別的自衛権と集団的自衛権は本質的に違うか

1　何が本質か？

長谷部氏は、個別的自衛権と集団的自衛権とは全く本質を異にする（『安保法制から考える憲法と立憲主義・民主主義』P.95他）として、集団的自衛権を（仮に限定的であるとしても）認めることは憲法違反であるとしている。この点について、問題を整理してみよう。

そもそも「本質」、という言葉自体が主観的で曖昧性の高い言葉であるため、こういう言葉は、争われている問題について考えを深める妨げになることがある。長谷部氏の先の言葉はその好例である。

まず個別的自衛権と集団的自衛権の主要な要件を次のように分別してみることにしよう。

① 個別的自衛権行使の要件
A　日本に対する武力攻撃がある
B　これを放置しておけば日本と国民の存立危機事態となる

②　限定的な集団的自衛権行使の要件
C　日本と密接な関係にある他国に武力攻撃がある
B　これを放置しておけば日本と国民の存立危機事態となる

となる。

ここであえて「本質」という曖昧な言葉を使って対立する主張を整理してみよう。

そのとき、日本の自衛権の行使について、Aの日本に対する攻撃があるか否か、の方が本質的なものだと考える人にとっては、①と②は本質的に違うことになる。なぜかといえば、①にはAがあるが、②にはAがないからである。

これに対して、Bのこれを放置しておけば日本と国民の存立危機事態となる、の方を本質的なものだという人は、①と②には本質的な違いはないという。なぜかといえばBは①②に共通しているからである。

これでは、その人が何を「本質」だと思うかという、定義の段階で結論は決まってしまうし、議論はそれ以上進まない。長谷部氏はAが本質だというのだが、AとBのどちらが本質なのかは何によって決まるのだろう。ロシアのウクライナ侵攻後の世論調査によっても、国民の多数、57％が限定的集団的自衛権の行使に賛成している。ということは、現在の国民の多数にとっては、他の国が攻められていようが日本が攻められていようが、国家と国民の息の根が止まるような事態は避けて欲しい、という思いがあるのだろう。少なくとも現時点では、多くの国民にとってはBの方が本質なのである。

「本質」というような人の主観で決まってしまう曖昧な言葉を使うことを避けて、この二つの権利、「個別的自衛権」と「集団的自衛権」が社会の中に別々のものとして生まれてきたのかどうかを、歴史に沿って考えてみよう。

2　自衛権の原型としての正当防衛

攻撃に対する反撃の正当性を、国家と国家ではなく、人と人の関係で見てみよう。ここでは、国家対国家の場合より早くから正当防衛として、攻撃に対する反撃が認められ、その要件が定められている。これはほとんどの国の法律に規定があり、民主主義国家でない中国の刑法にも正当防衛の規定がある。日本の場合、刑法と民法にこの規定がある。刑法を中心に調べてみよう。

まず、法治国家では、自分が紛争に巻き込まれた場合、裁判所や警察機構などの力によってトラブルを解決しなければならず、自分勝手に実力で自分や他人を守ることは原則として禁止されている。これを自力救済の禁止という。トラブルを中立で強力な権力を持つ国家機関によって解決しなければ、暴力が暴力を生む悪循環を生んで、あげくは暴力団が跋扈するとんでもない国になっていくからである。

しかし、この自力救済の禁止を絶対のものとすると、かえって不合理なことが起きる。まず、裁判所や警察機構による紛争の解決のための強制力は、紛争が起こったからといってすぐに起動するものでもすぐに決着するものでもない。たいがいはある程度の時間がかかる。その時間の間に不利益を受けてしまうと、その被害の回復はできない場合が多くなる。例えば、自宅に侵入して物を盗もうとしている人物がいた場合に、警察に通報して現行犯逮捕をしてもらうまで何もしなければ、窃盗犯人は財産を取ってとっとと逃げてしまう。被害者が裁判によって被害を予防したり回復しようとしてもこれは間に合わない。物を取られないようにこの人物に棒を振り回して家から追い出したり、物を実力で取り返したりする行為は（場合によってはその人物を取り押さえる行為も）形式的にはすべて暴行罪や傷害罪には当たるのだが、このようなケースでは例外的に処罰されないことが明文で認められている。これが正当防衛だ。民法にも同じような規定があり、正当防衛に当たる行為は、不法行為にはならず、相手から損害賠償を請求されることはない。

3　第三者防衛

ところで左に見るように、正当防衛は本人を守るためだけに限定されていない。ここが大切なところだ。

急迫不正の侵害に対して、自己又は他人の権利を防衛するため、やむを得ずにした行為は、罰しない。(刑法36条1項)

重要なことは、要件に「自己または他人の権利の侵害に対し」と書かれていることだ。すなわち、他人の権利侵害があった時でも、見て見ぬふりをしていなさい、というわけではない。その他人のために、加害者に反撃する権利が第三者にも認められている。被害者を守る反撃の権利を、正当防衛の規定の中に、自分が攻撃を受けた場合とまったく同じ要件で認めているのである。これぞ、いわば「集団的正当防衛権」である。

限定された集団的自衛権に反対する長谷部氏の意見は、アメリカが攻撃されていて、それを放置すると、日本と国民の存立の危機が生ずることが明らかな事態であったとしても「日本が攻撃されるまでは、見て見ぬふりをしなさい」という意見だ。だが、この正当防衛の規定の仕方と比べると随分違うことになる。

4　正当防衛と国家の自衛権の要件

正当防衛という制度は古代からあったとされるが、これを明文で認めた法律が残っているのは13世紀からであるという。それでも、700年の歴史があることとなる。そしてこの制度はすでに述べたように、ほとんどの国で認められている。

注目すべきは、正当防衛が認められる要件は、国家の国際慣習法上認められている自衛権の要件とほとんど同じだということだ。①急迫不正の侵害があったことや、②他に取るべき方法がなかったこと、③防衛行為が必要最小限であることなどが定められている。これらは、国家の自衛権の行使の要件とほとんど同じである。

国家が自衛権を持つのは当然という考え方は、国内社会において個人に広く認められていたものが、国際社会において個人に相当する国家に引き継がれたものと見るべきである（ほぼ同旨『集団的自衛権と日本国憲法』浅井基文、集英社新書、P．110）。

5　個人の自衛権と国家の自衛権の共通性

国連加盟国に対して武力攻撃が発生した場合でも、自衛権を行使できることを認めたのが国連憲章である。そこには、安全保障理事会が、国際の平和及び安全の維持に必要な措置をとるまで、という前書きがある。その文字面だけから見れば、いかにも、安全保障理事会が世界の警察のようなものであって、事件があったら国内の警察の様に犯人逮捕に動いてくれそうに見えるが、それは期待できない。

国連の常任安全保障理事会は、米英仏ロ中の五か国で構成されていて、必要な措置を取るには全員一致でなければならないことになっている。戦争はこの五大国のうちの一国が当事者になっているか、利害関係を持っていて、五大国の意見が一致するということはほとんどありえない。ということは、事件があれば警察がパトカーで飛んでくる国内と違い、いったん有事になれば、紛争解決手段は、各国の個別的自衛権と集団的自衛権で防衛する以外に国を守る道はないことになる。自衛の名において侵略戦争が起きやすいのも、ここに理由がある。国際社会では自力救済がほぼすべてなのである。

国連憲章も、個別的自衛権と集団的自衛権とを51条の中に区別することなく規定し、それぞれを行使するための要件も一本化している。これは、国内法の正当防衛の条項と共通している。このように、この51条の規定の仕方からも、またその基礎にあった、各国の国内法の正当防衛の規定の歴史からしても、個別的自衛権と集団的自衛権とが「全く本質を異にする」とする根拠はうかがえないのである。

第5章　新安保法と長谷部教授

〈この章のねらい〉

集団的自衛権の行使を違憲とするために、長谷部教授は新しい手を編み出す。果たしてその手法は憲法の基本原則から見て許されるのか。

1　政府解釈は変更できないのか

木村　60年間使われてきた、「集団的自衛権は憲法9条に反し行使できない」という政府解釈を「旧政府解釈」ということにして話を続けましょう。

瑤子　日本は攻撃されていないけれども、明らかに日本と国民の息の根が止まる事態、存立危機事態の時には、攻撃されている国に助太刀しよう、というのが新安保法ですね。長谷部先生は、日本と国民の存立危機事態でもこちらがまだ攻撃されていないんだからそれは放っておけばよい、見て見ぬふりをすればよい、といっておられるわけですね。それは無責任な気がしますけど。反対する人の理由を聞いてみたいですね。

木村 そうですね。まず反対している人の理由は大きく分けて3つある。1つは、立憲主義に反するということですね（注、立憲主義のかかえる問題性については第3部で詳しく検討する）。政府は憲法に従って政治を行わなければならないわけですが、54年の自衛隊発足以降歴代政府がいってきたのは、9条では自国が攻撃された時に反撃するという個別的自衛権だけに限定されているという解釈でした。日本が攻撃されていないのにアメリカへ助太刀することは、自衛権行使は自衛のための必要最小限度内という防衛出動の要件を超えるので、どんな場合でも行使できない、ダメということですね（注、といっても、日本の領土内のアメリカ軍基地が攻撃されたときは、日本に対する攻撃とみなすというのが政府見解だった）。

瑤子 防衛出動の要件というのは自衛隊法に定められているんですね。

木村 そのとおりです。大体こんなところですね。

①外部からの武力攻撃またはその恐れがあること
②反撃する以外に適当な手段がないこと

③必要最小限度の反撃であること
④事前（緊急時には事後）に国会の承認を得ること

瑤子　個別的自衛権はオーケー、集団的自衛権はダメ、というのはいつごろから定着した政府解釈なんですか。

木村　古いですよ。集団的自衛権の行使について「ダメ」という政府の答弁が初めて出たのは１９６０（昭和35）年4月20日。それ以来集団的自衛権行使はダメという答弁が55年間続いてきました。こういう場合、政府の解釈についてどういう拘束力があると思いますか。法的な拘束力がありますか。

瑤子　政府の解釈について、どういう効果があるかということを定めた法律はないんですよね。憲法についての解釈ですから、それがそのまま憲法というわけではないでしょう。でもそれだけ長く使われてきたという事実があると、それになにも効力がないとは思えないですね。明文の規定がないことですから、集団的自衛権行使を認めないと解釈することが慣習法（慣習にもとづいて成立した法。それまであった法に優先する）になっていたといえないですか。

木村　私もそう考えるのが一番わかりやすいと思います。自衛隊を認めることが慣習法になっていたのとセットで、自衛隊が集団的自衛権は行使しない、できない、という憲法解釈についての慣習法が出来ていたという説ですね。そういっている学者も元最高裁長官もいます。三権分立ですから、法は国会が作るところ、内閣はそれを執行するところという権限の違いがありますね。でも、55年間の内閣の法解釈が定着して、慣習法になったということです。

瑤子　集団的自衛権を行使できない。してはならないという、慣習法ということですね。

2　長谷部教授が、旧政府解釈は憲法だと言い出すまで

瑤子　長谷部先生は旧政府解釈についてどうおっしゃってるんですか。

木村　長谷部さんは、一時は、集団的自衛権を持たないことが、「国民に対する約束だ」といっていました。これも、慣習法ができていたという瑤子さんの立場に近いといえますが、国民に対する約束というのでは単なる比喩に過ぎない。そこからどういう法的拘束力が生ずるのかという仕組みが見えないですね。

瑤子　長谷部先生は、この約束に法的な拘束力があるといってるんでしょうか。国民に対

する約束というのは、公約みたいなことなんですかね。

木村　よくわからないですね。少なくとも僕は約束した覚えはないです（笑）。書籍の中での長谷部さんの発言としては、９条が条文の文字通りに実施できない権威のない機能しない憲法なので、旧政府解釈はこれを補う「権威として機能する解釈、機能する憲法だ」というような言い方もし始めてきました（『安保法制から考える憲法と立憲主義・民主主義』有斐閣、P. 98以下など）。

瑶子　９条が権威のない、機能しない憲法だというのはどういうことですか。権威もなくて機能もしない９条なのに、それを解釈したものがなぜ憲法として機能するのか、理屈がよくわかりませんね。そういう解釈をした先例かなんかあるんですか。

木村　ないでしょうね。長谷部さんはそこで、機能する憲法というものの法的根拠については、何も言ってないですよ。長谷部さんの独自のロジックですね。９条の条文を見れば個別的自衛権の行使をも否定するように読めるけれども、それをそのまま実施しろというのは、良識に反するし非常識だ。条文通りそのまま実施できないということは権威がなくて機能しない憲法だということのようです。そして、特に理由づけはなく、旧政府解釈は機能する憲法だといってます。

瑤子　機能する憲法ですか。それでも、旧政府解釈がどういう効力を持つのかははっきりしないですね。長谷部先生の独自の世界ですね。

木村　長谷部ワールドですね。機能する憲法というのは、どういう要件のもとに成立するのか、それを変更するのにどういう手続きがいるのかも分かりません。長谷部さんが独創的に作り出したものなので、長谷部さんがいってくれないと分かりませんね。

瑤子　私も大学では聞いたことがないので、よく分かりませんね。

木村　いずれにせよ僕はこの旧政府解釈は、55年間それに基づいて自衛隊の運営がされてきた、という事実があるわけですから慣習法だったというのが正しいと思います。元最高裁長官の山口繁さんも、要旨、旧政府解釈は慣習法と同じような規範へと昇格しているのではないかとされています（朝日新聞15・9・3朝刊）。

3――旧政府解釈が慣習法だとすると新安保法はどうなる

瑤子　それでは、慣習法ということで話を進めてみましょう。

木村　この慣習法に反して、安倍内閣が、まず集団的自衛権についての9条の解釈を変えて、「時と場合によっては」アメリカに助太刀する、というふうに解釈を変更して、その新しい解釈に基づいて新安保法をつくった。これが立憲主義に反する、憲法違反だ、というのが反対派の第1の理由ですね。

瑤子　55年も続けてきた憲法解釈を急に変えちゃうんだから批判があって当然ですね。本来は憲法を改正してやるべきだったというのは正論ですね。

木村　そのとおりですね。確かに僕も集団的自衛権の行使を一部といえども認めるのは、戦後55年にわたって作られてきた慣習法に反することで、本来あるべきやり方ではないと思います。だけど、慣習法に反するというだけでは解釈の変更が違憲と決めつけられないと思うんです。55年守られてきた慣習法があったとして、その後にその慣習法の内容と違う法律が制定されたときどうなりますか。

瑤子　そうか、日本では法律が優先しますね。

木村　そうですね。イギリスなんかの慣習法主義と違って日本は制定法主義だから（注、日本では、法の適用に関する通則法3条に、法令が慣習法に優先することが規定されている）55年守られてきた慣習法でも、新しくできた法律にはかなわない。

瑤子　とすれば、解釈が変更されたからといって、それだけで立憲主義に反するとか、憲法違反だということは言えないことになりますね。

木村　そのとおりです。ですから、新安保法を憲法違反というには、別の理由づけが必要になります。

4　驚愕の旧政府解釈イコール憲法説

木村　そこへ、最近になって、旧政府解釈は日本国憲法の一部を構成するという説が現れました。

瑤子　政府の憲法解釈がそのまま憲法になるということですか。ものすごく大胆な説ですね。どなたの説ですか。

木村　これもまた憲法学界の権威ともいわれている、長谷部さんです。

瑤子　長谷部先生がそういう論文を発表されたんですか。

木村　もともとは、裁判所に提出されたんです。市民の方々が原告になって、自分たちは憲法違反の新安保法ができたことで精神的に苦しんでいるので、慰謝料を払えという裁判が、たくさんの裁判所で国を相手に起こされています。その裁判で原告側の証人として長谷部さんが出廷してるんです。その時に出された長谷部さんの意見書を元にして、長谷部さんは「それでも安保法制は違憲である」という論文を岩波「世界」（23年8月号、P.１３２）

に発表しました。その裁判の中で長谷部さんはこの旧政府解釈について、「憲法の有権解釈は憲法典9条そのものと同様、一体として憲法の内容を構成する」という新説を出したんです。

瑤子　内容を構成する、というのはどういう意味なんでしょう。

木村　長谷部さんの説明がないので広辞苑で引くと、

内容　事物を成り立たせている実質

構成　幾つかの要素を組み立てて一つのものをこしらえること

などとあります。

瑤子　とすると、「憲法典そのものと同様、それと一体として」とおっしゃっていることと合わせると旧政府解釈は憲法の一部ということですか。

木村　そう読むほかにないですね。

瑤子　政府の憲法解釈が憲法の一部になるということはありえるんですか。そうだとすれば、新安保法は旧政府解釈イコール憲法を変更するものなので憲法違反となりますが。

木村　僕は政府の憲法解釈が憲法となることは絶対にありえないと思います。内閣というのは行政府ですから、憲法や国会が作った法律の執行や政令を作ることはできますが、逆立ちしても憲法は作れないですよね。

瑤子　三権分立にも反しますよね。

木村　そのとおりですね。憲法には「国会は国の唯一の立法機関である」と定められていますからね。行政府の解釈に国会を拘束するような力を与えるのは、もはや独裁国家ですね。

5 ― 長谷部新説の由来

瑤子　長谷部先生はどうしてそんな考え方に行き着いたんですか。

木村　この長谷部さんの主張のもとには、長谷部さんのこういう考えがあります。

①9条自身からは集団的自衛権を禁止しているとはわからない。

②しかし、いったん有権解釈（注、裁判所や政府の解釈を指し、ここでは60年の旧政府解釈を指している）によって線引きがされた場合にはこれは、その線引きについて

「合理的理由がない時でも」、それを守るべきだ。
③なぜなら、その解釈によって引かれた線は国境と同じだからだ。
（『憲法と平和を問いなおす』ちくま新書、P.162以下）

瑤子　③がキモですね。「国境」とは、これまた長谷部先生の使いたがる比喩ですね。確かに国境は一度決めた以上実力行使で変更してはいけないですけど、政府の解釈がなぜ国境と同じ扱いを受けるのか。その根拠はどこかに語っておられるんですか。

木村　まったく語られていません。②のようにすることが不合理であっても、それは国境だから守れ、というだけですね。

瑤子　なんとか新安保法を憲法違反というために編み出されたんでしょうけど、ちょっとついていけないですね。

コラム6●政府の憲法解釈は憲法なのか　長谷部新説に驚く

1　集団的自衛権の行使を否定する旧政府解釈の拘束力をどう考えるか、というのは大きな問題である。私は対談で述べたように「慣習法」と考えるのが妥当だと考えている（元最高裁長官の山口繁氏もほぼ同旨であることは前述）。この点を憲法学者がどう考えているかは、長谷部氏も含めて必ずしもはっきりしていたわけではなかった。

しかしこの点について、最近大きな変化が起きた。憲法学界の権威である、長谷部氏が、政府の憲法解釈は憲法の内容を構成するという説を発表したからだ。この長谷部新説は、私の知る限りでは、長谷部氏が新安保法違憲裁判の原告らのために裁判所に提出した意見書の中で初めていい始めたものである（22年1月20日に東京高等裁判所に提出。ほぼ同旨のものとして「世界」（23年8月号）「それでも安保法制は違憲である」）。

長谷部氏はここで次のようにいっている。

①憲法の条文が政府の活動範囲を明確に示していないとき、憲法の有権解釈（裁判所や政府などの解釈）は憲法典そのものと同様、一体として憲法の内容を構成する。

②このことは、最高裁判所の示す憲法解釈に違背する政府の行為が違憲と評価されることを見れば明らかである。

③憲法9条に関して、政府が示してきた集団的自衛権行使を禁ずる有権解釈は、その意味

で憲法の内容を構成している。

ここで長谷部氏の言いたいことはおおよそ以下のようなことである。憲法の文字面だけからはどうすればよいかわからないときに、その間隙をうめるために政府が解釈を示すことがある。その場合、その解釈は直ちに無条件に憲法の一部となる。

私たちは集団的自衛権の行使について55年間続いた旧政府解釈の法的拘束力がどのようなものか考え、慣習法とみるのが妥当だと思ったのだが、長谷部氏はそんな範囲を一気に超え、旧政府の憲法解釈を憲法9条の一部とするという新説を打ち出したのである。

これを知った他の憲法学者はびっくりしたのではないだろうか。というのは、長谷部氏のこの新説は、長谷部氏の書いた学術書にはもちろん書かれていないし、教養書にも書かれていない。長谷部氏が裁判所でこんなことをいい出していることは、憲法学界にはほとんど知られていなかったからである。

2　私がこの長谷部氏の「政府解釈イコール憲法説」を受け入れない理由を説明しよう。

①この説は、議会制民主主義を否定することになる。そもそも日本の憲法は、憲法を改正する厳格な手続きを特別に定めている。すなわち、両院の3分の2以上で発議したものを国民投票にかけて決めるというものだ。この憲法改正には、憲法の条文の意味をひろげたり狭めたり、追加したり、減らしたりすることだけでなく、憲法条文の解釈を確定することを含んでいる。長谷部氏の新説によれば、政府が憲法解釈を示しさえすれば、両院で3分の2以上の多数で発議し、国民の意見を問うという厳格な憲法改正手続きをせずに、条文の文言とは異なる、あるいは解釈が分かれている憲法の解釈を確定させることができることになる。そうなれば、立憲主義の建前から、国会もこの行政府の解釈に従わなければならない。例えば、政府が示したその憲法解釈が広く国民的批判を受け、そのために内閣が倒れ、これに反対していた野党が国民の支持を得て与党となり新政府を樹立したとする。ところが、この新政府は国会の多数決だけでは、この憲法解釈を変えることはできず、どうしてもその解釈を改正したければ、憲法改正の厳格な手続きを踏まなければならなくなる。

これはとんでもないことであり、議会制民主主義をも否定することになる。長谷部氏の説そのものが憲法違反、立憲主義違反といってもよいようなものである。長谷部氏がこのような爆弾的新説を提起するのにあたって、これを支える判例などの先例すら引用されていないのには驚くしかない。

②政府解釈がそのまま憲法の一部となるという長谷部理論は、三権分立制に反する。三権分立を大切にする憲法のなかで、内閣には憲法や法律を定める権限は認められていない。内閣の職務は、憲法73条（巻末資料参照）に定められているように、憲法や国会の作った法律を執行することだけである。内閣が作れるのは、憲法と法律を執行するための政令だけである。長谷部新説はこの憲法の定めと全く整合性がつかない。それどころか、長谷部氏の学術書にも、政府が憲法の一部を作るというような権限があるという新説について全く触れられていない（『憲法8』新世社、P. 31以下）。

以上の①と②は小学生高学年程度の社会科の知識でわかることである。

3　長谷部氏は、この真新しい自説の根拠として、「このことは、最高裁判所の示す憲法解釈に違背する（注、違反する）政府の行為が違憲と評価されることを見れば明らかである」と述べている。これにも驚かされる。たしかに最高裁の憲法解釈は政府の行為を違憲と評価できる。しかしそれは、三権分立の基本として憲法にそういう定めがあるからである。まず、憲法81条は、最高裁は法律などが憲法に適合するかしないかを最終的に判断する裁判所である、と定めている。だから、最高裁が法律を違憲と判断すれば、そこに強い力が生ずる。こうなった場合、通常内閣は国会を通じて最高裁判所の法解釈を法改正によって立法作業の中に取り込んでいくことになる（巻末資料参照）。

ところが、行政府に過ぎない内閣の憲法解釈については、その解釈がもつ法律的効果について、最高裁判所に関する憲法81条のような根拠規定がない。これも小学生でも知っていることである。憲法上どこにも根拠のない政府解釈が、憲法としての役割を果たせるわけがない。

4　実は、長谷部氏が過去に記した本の中に、この爆発的新説の素になる考え方が書かれているのに気が付いた。その本というのは『憲法と平和を問いなおす』（ちくま新書、P.162）という本。長谷部氏は次のようにいっている。

①いったん有権的解釈によって設定された基準については、憲法の文言には格別の根拠がないとしても、なおそれを守るべき理由がある。

②この問題は国境の線引きとよく似ている。なぜそこに線が引かれているかにはさしたる

合理的理由がないとしても、いったん引かれた線を守ることには、合理的理由がある。

憲法解釈は、国境の線引きに似ているという変な比喩が出てきた。要注意である。長谷部氏は①の根拠として、表現の自由と名誉権・プライバシー権をどう調整するかについて示された最高裁の基準を例に挙げている。確かに最高裁は、表現の自由の優位を前提として、例外的に名誉やプライバシーに対して配慮する場合の基準を示している。しかし、これは最高裁に憲法審査権が認められているからであって、まったくそのような権限がない内閣の憲法解釈が憲法となる根拠にはならない。長谷部氏のこの論理は全くナンセンスである。よくそんなことを、憲法学者として裁判所に提出する意見書に書いたものである。

長谷部氏はまた、政府が一度示した憲法解釈は国境と同じで変更できないようにいう。しかし、最高裁の解釈ですらしばしば変更されてきた。最高裁判例を変更するための手続きも裁判所法に定められている。例えば、刑法は親殺し（尊属殺人）を一般の殺人より重罪（死刑と無期懲役のみ。一般の殺人は、5年以上20年以下の懲役刑がある）とされていて、それまでこの件について最高裁は長いことこれを合憲としてきたが、72年に、裁判所法が定めているように大法廷（最高裁判所の15人の裁判官全員で審議を行う）に回付するという手続きを取ったうえで憲法違反の判断を示した。このように最高裁判例は、いったん基準を示したらそれにいつまでも拘束されるというわけではない。憲法学者がこんなことを知らないわけがないのである。このように、この長谷部氏のいう根拠①は話にならない。

また長谷部氏のいう②は長谷部氏独自の理由づけである。国境を持ち出すところは、長谷部氏お得意の比喩だが、政府解釈の問題と国境問題との間にどういう共通点があるのか、長谷部氏の説明がないからわからない。国境線を変えようとすれば戦争になり人の血が流れる可能性は高い。合理性のない「国境」たとえば、北方領土にある「国境」についても、日本が実力によって本来の姿に戻そうというのは大きな戦争を招くことになって得策ではない。不合理なものであっても「国境線があることが大切だ」、というのは全くわからないでもない。しかし、これは政府が憲法解釈を変えることができないという根拠にはならない。「国境」という比喩さえ入れれば何でも解決すると思うのは明らかに間違いである。憲法解釈を変更したからといってそこから直ちに戦争が起きるわけではない（いや、長谷部氏のことだから、「政府解釈を変えると、アメリカと一緒になって戦争をするから血が流れる」というかもしれないが、それはいくらなんでも話が飛びすぎだろう）。

5　それはともかくとして、長谷部氏の説は、憲法の条文（この場合には9条）についていくつかの解釈が成り立つがまだ解釈が確定していないときに、政府がそのうちの一つの解釈をはじめて選択した場合、それは国境のように憲法の一部を構成し、その後は憲法改正手続きによらない限り、それを変更できなくなる、というもののようだ。

私も比喩を使うとしよう。この長谷部理論は、たとえていえば、憲法の条文について、いままでに解釈が全く示されていないというばいわば更地の状態であって、その条文について、政府解釈という新しい建物が建てられた時には、その建物は改築することができなくなり、その解釈は憲法の一部になるという説のようだ。

そこで問題となるのは、長谷部氏が新しく「憲法の内容を構成する」といいだした60年の旧政府解釈だが、この更地にはこの旧政府解釈より先に建てられた建物がある。52（昭和27）年7月に示された政府統一見解である。この見解では「9条の禁止している戦力とは、近代戦争遂行に役立つ程度の装備編成を備えるもの」と定義し、そのうえで、日本が持っている自衛力は、近代戦争を遂行できるほどのものではないから、これを侵略に対する防衛のために使うことは違憲ではない。そう政府は書面をもって解釈を明示したのである。この52年政府統一見解は、明らかに9条の解釈を初めて確定したもので、したがっては長谷部氏のいう憲法の一部を構成する、「国境線」だということになる。

長谷部氏が、それが憲法の内容を構成するとまで言いつのる60年の旧政府解釈は、武力攻撃を排除するために必要な最小限度のものであれば近代戦争遂行能力の有無を問わずに合憲とするもので、52年の政府解釈（近代戦争遂行能力のあるものは持てない）という国境線を超えるものであって、憲法に違反するものだということになる。つまり、旧政府解釈は、長谷部氏自身の説に基づき、憲法違反で無効ということになる。長谷部説によれば52年解釈がいかに不合理であっても一度決めた以上は国境になるからだ。

ところで、現在の自衛隊の戦力は、フランス、ドイツなどを抜いて、世界第8位とされている（「ビジネス・インサイダー」23年版）。自衛隊の有する編成装備が近代戦争を遂行するのに欠けていると見る人はいないだろう。とすれば、長谷部理論で行く限り、政府は52年の政府統一解釈に従って、自衛隊を「近代戦争遂行能力を欠く」ところまで、格段に縮小しなければならないことになる。これで日本と国民は守れるだろうか。長谷部氏はその点については私の知る限り、何も語っていない。

さらにいえば、この52年解釈の前には、46年6月26日の吉田茂首相の自衛権の行使をすべて放棄したという答弁がある。これが国境なら、個別的自衛権の行使さえ許されないこととなる。

6　長谷部新説の危険性

最も重大なことは、60年の旧政府解釈は憲法だ、という長谷部新説がまかり通るとなれば、内閣の憲法解釈が国会を拘束することになるため、法律の執行機関でありその点で法律を制定する権限を持つ国会より順列が下のはずの内閣の権威が膨らみすぎてしまうということだ。現行憲法上、内閣に法案の提出権はあるが、法を作る権限はない。法を作るのは国会で、内閣は法案を提出し、成立すればこれを執行する。これは三権分立の仕組みからくるものだ。しかし、長谷部新説では、内閣は自ら作った憲法解釈を次々にこれを憲法として援用し、国会に認められた立法作用の範囲を広げたり縮めたりすることができることとなる。これでは内閣の権限の異常な拡大となり、三権分立は危機に瀕することとなる。極端に内閣に権力が集中することを許せば、日本が再び独裁国家、軍国主義国家になる恐れも出てくる。

長谷部氏は、政府解釈が憲法になるという新説が持つ潜在的な危険性についてどう考えているのだろうか。長谷部氏は、憲法学者として、憲法の専門家として、新たな自分の学説によって生ずる疑問について説明責任を負っている。

6 政府解釈変更と事情変更の原則

瑤子 長谷部先生は、テレビでも書籍でも盛んにこの政府解釈の変更が法的安定性を害するということを強調しています。

木村 僕も、この解釈変更は確かに法的安定性は害するだろうと思います。問題は、法的安定性を欠くから憲法違反といえるかどうかですよね。

瑤子 政府の解釈がこんなに劇的に変わるというのはどうなんでしょう。

木村 好ましくないと思います。でも、最高裁判所の憲法解釈だって、何度も変更されています。裁判所法の中に、解釈を変更するときにとらなければならない手続きが定められているぐらいです。この手続きを使っていくつも変更されています。政府の憲法解釈も変更された例は他にもあります。政府の憲法解釈の変更については、最高裁の判例の改正手続きみたいな手続きの制約はありません。9条の憲法解釈だって旧政府解釈になる前に1回変更されています。それは、政府の憲法解釈の拘束力が慣習法程度のものである以上仕方がないと思います。

瑤子　でも法的安定性はあるに越したことはありませんよね。

木村　そのとおりですね。でも法的安定性というのは、条文の文字や、今までの解釈の先例に忠実に従って解釈するということですね。これは、法的安定性は高いんですが、柔軟性に欠けるという欠点もあるわけです。長谷部さんは盛んに、政府の解釈変更が法的安定性を害するということをいっています。でも、どうだろう。法律の解釈適用は、法的安定性だけを尊重するものですか。

瑤子　法的安定性と同時に、具体的妥当性というのも大切だと習いました。

木村　そうですね。法の解釈というのは法的安定性と具体的妥当性のバランスをとって決めるということですよね。具体的妥当性というのは、ある事件を解決するにあたって、時の経過によって周辺の環境の変化などがあるために、条文の文字をそのまま杓子定規に適用すると、結論に不都合が生じるというケースがある。この場合には、条文の文言にとらわれずに、条文を柔軟に解釈して実情にあった解決をするということですね。

瑤子　実情に合わせるということでいくと、民間の契約書の解釈についても、事情変更の原則があるというのを習いました。

木村　なるほど。事情変更の原則というのは、契約を結んだ時には予想できなかった社会事情の変更があって、契約内容をそのまま杓子定規に強制することが不都合になったときには、その契約の内容を変更したり解除したりすることができる、ということですね。

瑤子　最近は、新型コロナウイルスの猛威で売上げが激減したテナント店舗の賃借人が、オーナーに賃料の値下げを請求しているケースが多かったそうです。賃料を決めた時と社会情勢が大きく変わったということで賃料の値引きがかなり行われたようですね。こういう事情変更の原則は、借地借家法でも条文で認められています。

木村　そうすると、集団的自衛権の解釈変更についても、ともかく解釈を変更したというだけで、憲法違反とはいえなくなりますね。

瑤子　そうですね。日本の安全保障環境について、解釈変更に値するだけの事情変更があったのか、という点が大きなポイントになりますね。

木村　政府もまさにこの事情変更の原則を主張しているわけです。反対派の人はここはあまり真剣に取り上げないですね。でも、旧政府解釈ができた60年以上前と比べて、日本の安全保障についての環境の変化、事情の変更がないなんていう人はいないでしょう。人によってとらえ方が違うとしても。

瑤子　長谷部先生はどうおっしゃっているんでしょう。

木村　実は、長谷部さんは、他の分野では、法というのは柔軟に解釈しなければいけない、ということを盛んにいっているんです。

瑤子　柔軟性を、というのは、どんなケースでおっしゃるんですか。

木村　長谷部さんが法解釈は柔軟でなければならないケースとしていろんな本でなんども引用する例があるんですね。長谷部さんの言い分を理解するうえで大切ですので、取り上げましょう。

7 ― 長谷部教授の好きな公園ルール

木村　長谷部さんは、こんなふうにいってます。

「ある国立公園には自動車の乗り入れは禁止する」というルールがある。ところがある日、公園の中でケガ人や急病人がでた。この場合ルール通りに行動すると、ケガ人や急病人を見殺しにすることになる。この場合には、良識に沿ってルールを解釈してこれに例外を認めて、ケガ人や急病人搬送のために救急車の進入を認めるように行動するべきだ、というんですね（『憲法の良識』朝日新書、P.33他多数）。イギリスの法哲学者H・L・A・ハートの学説だと紹介しています。

瑶子　えー！　それってその学者の学説じゃないでしょう。刑法や民法の緊急避難のことじゃないですか。

木村　そうなんです。刑法37条は自分や他人の権利などに対する危険を避けるためにしたことは、形式的には法に触れていても、処罰しないということになっています。

瑶子　その公園のケースは、この緊急避難にバッチリ当たります。ここにイギリスの法哲学者が出てくる必要はないと思います。

木村　その通りですね。刑法の緊急避難の条文を出すよりイギリスの法哲学者の方が、権威が感じられるということですかね。こういうところにも、長谷部さんの権威主義的なところが出ていると思います。でも、憲法解釈は国境だから変えられない、と厳格なことをいっていた長谷部さんが、ここでは一変して「形式的に法律を適用してはいけない」「事情を考慮して柔軟に」と強調しているところは面白いですね。

瑶子　そうですね。ここで長谷部さんがいってるのは、法的安定性より具体的妥当性を重視しろということですね。

木村　そうです。集団的自衛権についての論争の中心は、日本をとりまく安全保障についての環境が昔と変わってきていないか、もし変わっていたとしたらどうするのか、という具体的妥当性がいま問われているんですね。長谷部さんは、このあたりの景色の移り変わりについてあまりふれない。で最終的には、「口実をつけては戦争しているアメリカに飼い犬の様についていく日本政府」が信用できない。政府を縛る要件なんていくらあっても無視されるから意味がない、という議論に入ってしまう。法解釈というよりももっぱら政権とアメリカが信用できるかできないかという政治談議になっていくんですね。

瑤子　「口実をつけては戦争しているアメリカに飼い犬の様についていく日本政府」「アメリカの戦争の下請けとして、世界中で武力を行使し、後方支援するための法制」というのを、どう論証して長谷部先生の学説の中に組み入れていくのか、その流れを語ってほしいですね。

木村　こういう政治談議になるといろいろな無数の意見が出て、議論がまとまらなくなります。だからこそ、そういう政治談議に流れない、客観性をキープするというのが学問の在り方ではないかと思いますね。新安保法に反対する活動家を喜ばせるために、ご都合主義の学説を唱えるということではなく。

8――政府の事情変更論

瑤子　政府の方はこの事情変更についてどういってるんですか。

木村　いろいろいってますね。私の方で翻訳をすると、旧政府解釈が示されてから60年の間に変わってきた事情として、４つのことをいっていると思います。

①まず中国についていえば、核を含む軍事力が強大化したこと、これを背後にして、中国の国際法あるいは国際条約に違反する行為、例えば南沙諸島などを力によって占拠してそこを軍事基地化する、というような現状変更が行われていること。これに関連する流れとして、日本が領有している尖閣諸島周辺について、中国の公船が年間延べ１５００隻も周辺海域に頻繁に侵入するようになったこと。周辺国に対して国際人道法等に反する行為が行われていること。

②中国と台湾の間の緊張関係が高まってきていること。

③北朝鮮についていえば、核兵器を中心とする軍事力が強化され、ミサイル発射などによる日常的な挑発が続いていること。

④こうした一連の流れによって、中国や北朝鮮と日米同盟や韓国との間にも緊張関係が高まってきていること。

こんなことがいわれてますね。

瑶子 それらは、確かに旧政府解釈ができた時にはなかった環境ですね。それと新安保法が出されたときは、まだウクライナ戦争は始まってないから、ロシアの脅威には触れられていないですね。

木村 そうです。新安保法ができてから、ますます大変などろどろの景色になってきましたね。

瑶子 そういう安全保障環境の変化については、長谷部先生はどうおっしゃってるんですか。

木村 「だいたい、日本を取り巻く環境は本当に危ないのでしょうか。その『脅威』に対処する必要すら論証されていません」(『憲法と民主主義の論じ方』朝日新聞出版、P.32)。

瑶子 随分楽観していらっしゃるんですね。

木村 脅威があるというなら証明してみろ、というわけですね。でも、外務省が23年5月に行った世論調査では「東アジアの安全保障環境は厳しさを増していると考えるか」という質問に、90・5%が「そう思う」と答えてます。

瑤子　90・5%ですか。そうだすると、脅威を感じないという長谷部先生の方が、なぜ感じないのか具体的に語っていただく番ですね。それだけ国民が不安を感じているわけですから。「論証されていません」、で済ますことはできませんね。

第6章　限定要件さえあればアメリカの戦争に巻き込まれずに済むか

〈この章のねらい〉

政府が想定する事例をチェックして、さらに過去のアメリカの戦争を素材に、限定要件があれば、巻き込まれないで済むかをシミュレーションしてみる。

1――まず限定要件を吟味する

木村　集団的自衛権を認めて日本が日本以外の他国を守るための戦争に参加するということになれば、自衛戦争だけではなくて、過去にアメリカがあっちこっちでやっていたような、違法な戦争に巻き込まれて、世界中でアメリカと一緒に戦争をすることになる、ということですね。

瑤子　そっちの方が実質的な理由ですね。時と場合によってはアメリカに助太刀することを認めた法律ができたわけですけど、それを口実に、どんどんアメリカに引っ張られて深みにはまってしまうのではないかということですね。

木村 そうですね。本来国連憲章が認めている無制限の集団的自衛権からすれば、アメリカに攻撃があった場合には、無条件にアメリカに助太刀しなければならない。このままでは、アメリカが当事国である戦争に巻き込まれる可能性は高い。そこで、集団的自衛権を行使する場合を限定するために、改めてこれを吟味してみましょう。だから政府は限定的な集団的自衛権だといってる。まずその3要件ですが、要件1については、わかりやすいようにＡＢに分けてみました。

要件1

Ａ 日本または日本と密接な関係のある国に対する武力攻撃が発生したこと

Ｂ この攻撃によって日本という国の存在そのものが脅かされて、国民の生命、自由などの権利が根こそぎくつがえされるというはっきりした危険があること（存立危機事態）

要件2 この攻撃を排除して国を守り、国民を守るためにほかに適当な手段がないこと

要件3 必要最小限度の実力行使にとどまること

Aの密接な関係のある国というのは、主にアメリカとなりますが、場合によっては軍事同盟を結んでいない国も入ります。韓国や台湾は当然入ると思います。感想はどうですかね。

瑤子　少しややこしいけど、わかりやすくまとめていうと、日本に対するものではないけれど、例えばアメリカに対する攻撃があって、放っておくと、日本と国民の息の根が止まる事態が起こることがはっきりしたとき（存立危機事態）は、ほかに手だてがなければ、必要最小限度自衛隊がアメリカに助太刀します、ということですね。こういう限定が付いたものは、他の国にもあるんですか。

木村　こういう限定付きの集団的自衛権というものはないようですね。そういう意味では、世界でも珍しい法律ということになります。9条があるので限定が付いています。9条自体が世界に一つしかない貴重品だからこそ付いた限定ですね。

瑤子　要件1のBはやっぱり、憲法13条からの引用ですね。個別的自衛権だけしか認めなかった当時と変わったところはどこなんですか。

木村　要件1のA。日本と密接な関係にある国への攻撃、というのが入ったことだけですね。1のBと2、3は個別的自衛権の範囲を定めた54年にできた自衛権行使3原則のままです。

瑤子　まっさらなものが出来たのではなくて、つけ加えられたということですね。

2――政府が挙げている具体例

瑤子　政府がどんな場合に集団的自衛権が使えるのかについて、具体例は出されているんですか。

木村　そうですね。そこがちょっと弱い気がしますね。具体的に自民党が示したケースとして「紛争中の外国から避難する日本人を輸送する米軍の艦船を自衛隊が守れる」というのがあります。これについて世論調査で聞くと、それは手伝ったほうがいい、と7割近くが賛成となったといわれています。

瑤子　でもそれは、日本人が乗っている艦船に対する攻撃なんですから、日本人に対する攻撃とみて、個別的自衛権で対処できるように思いますけど。

木村　私もそう思いました。事例が良くないということですね。それでは、こんなふうにアレンジしたらどうでしょう。海外のある地域にロシアのような国が侵略してきた。戦闘地域の近くに多数の日本人が外国人と一緒に取り残されている。これを脱出させるために米軍の艦船がそこに向かっている。これを、侵略軍がミサイルで攻撃しようとしてくる。この場合、新安保法であれば、自衛隊は、この船を武力で守ることができるかなと思います。

瑤子　なるほど、それはまだ日本人が乗りこんでいるわけではないから、個別的自衛権ではギリギリ難しいですかね。集団的自衛権でないと、自衛隊は動けませんね。他にどんな例が考えられますか。

木村　まず自衛隊とアメリカ軍の軍艦が合同演習をしている時に中国の潜水艦に遭遇したとします。自衛艦のパワーは1、米艦の力は2、中国艦の力は3、とします。戦闘以前の状態では日米を足せば3で中国の力とおなじです。ここで、中国艦が米艦に対して魚雷での先制攻撃をかけたとします。これが米艦にあたれば米艦は沈没してしまいますが、米艦はこれに気づいていません。自衛艦はいち早くこれを察知しました。自衛艦がこの魚雷を迎撃することは可能ですが、魚雷は日本を攻撃していませんので個別的自衛権では対処できない。しかし、ほんとうに瞬時のことなので、米艦に知らせて米艦に迎撃させるのでは時間的に間に合わないとします。米艦が中国の魚雷で沈没すれば、アメリカの2の力が消滅し、自衛隊は1の力で3の力を持つ中国艦と対峙しなければならず絶望的な状態に陥ります。

瑤子　自衛艦も撃沈ですね。

木村　このような場合、放っておけば日本側に存立危機事態が生じるし、ほかにこれを避ける手段がないとして、新安保法による集団的自衛権の行使ができれば、米艦に向かう魚雷を自衛艦が打ち落とせるのではないか、ということです。力の関係を分かりやすいように、数字で表しましたけど、これはシミュレーションのためで、実際にはおおよその力のバランスで考えなければならないでしょう。いずれにせよ、例えばアメリカ軍に対する武力攻撃があって、それを助太刀しないで放っておくと、日本に対して確実に武力攻撃が発生するというような、極限の状態では、限定的な集団的自衛権の行使は認めた方がいいのではないかと思います。そういう事態はそれほど多くないと思います。

瑤子　集団的自衛権の行使は、加害国に対する先制攻撃になるといっている人もいますけど。

木村　単純な誤解ですね。集団的自衛権の行使は加害国の攻撃を自国に対する攻撃とみなすものとして国連憲章で認められています。先制攻撃にはなりません。

3　日米安保条約の特徴

木村　この集団的自衛権の問題が出されてきたのは、日米安保条約という軍事同盟の仕組みが、ほかの軍事同盟と違っていることが絡んでいますね。

瑤子　習いました。普通の軍事同盟、例えばNATOの場合は、どちらかの国が攻撃されたら、お互いに無条件で同盟国に助太刀する義務がある。でも日米安保条約だと、日本が攻撃されたときにアメリカは日本を守る義務があるけど、アメリカが攻撃されたときはアメリカだけで頑張りなさい。日本は助太刀しませんよと。

木村　そうです。その代わり日本は国中にアメリカ軍の基地を提供して、アメリカ軍の軍事費をかなりの額負担してあげてる。そうはいっても、敵のアメリカ軍への攻撃が、同時に日本の息の根が止まるような脅威となっている時、手を貸さなくてもいいのか、というのが日本の集団的自衛権についての最大の論点ですね。放っておけば日本が生き残れないという問題だから。この自衛と他衛の隙間のギリギリのところを埋めようというのが新安保法のねらいです。

瑤子　でも、文字面はきれいでも、出来てしまえば悪用されることがあるから用心もしておくべきですね。反対論の長谷部先生もそこが心配なわけでしょうから。

木村　そうですね。前にもお話ししましたけど、日本に対する攻撃があった時であれば、弾がこっちに向かっている、ということだから、それが要件1のB「日本と国民の存立危機事態」に当てはまるかは判断しやすい。ところが、アメリカに対する攻撃があってこっちには弾が飛んできてない時に、これが要件1のBに当てはまるかどうかを判断しなければならない。ですから確かに微妙な判断になる。このあたりが心配の種ではないでしょうか。

瑤子　なるほど。この要件1のBがポイントですね。ここが、無視される可能性があると。

木村　それと、新安保法というのは、自衛隊法だけではなくて、ほかにもいろんな関連法の改正が絡んでいる。例えば、「重要影響事態に際して我が国の平和及び安全を確保するための措置に関する法律」という長い名前の法律の関係では、アメリカ軍の後方支援について、改正がありました。いままでできなかった、米軍に弾薬を渡すことや、戦闘のために飛立つ戦闘機に給油すること、とかができるようになった。この日本による後方支援活動をアメリカの敵国は、自国に対する戦争行為として攻撃してくる可能性が出てきたといえます（注、ただし、新安保法成立当日の参議院決議で、アメリカの後方支援のための武器はその部隊の身体生命を守るものに限ることになった。攻撃的なものはダメということ（P．69コラム4）。

瑤子　集団的自衛権を入れたことによって、相手の攻撃に対する抑止力は高まるでしょうけど、その反面アメリカの戦争に巻き込まれる可能性はないとはいえませんね。

木村　乱用を防ぐためにあるのが、一つは国会の承認制度ですね。集団的自衛権を発動する場合には、原則として事前に、緊急の場合には事後に国会の承認を得ることになっています（これも、成立日の参議院決議で、すべて例外なく事前承認、ということになった）。

瑤子　心配の元にはアメリカという国をどう見るかということがありますよね。日本に人権と民主主義をくれた国だし、民主主義のモデルのようにいわれる国だけど、世界中でしょっちゅう戦争をする極悪非道な国家だと酷評する人もいる。そこと一緒になって世界中で戦争をするんじゃないかって心配するんですよね。

木村　アメリカ善玉論とアメリカ悪玉論。悪玉論の人はアメリカが集団的自衛権を乱用してきたんじゃないか、ということですね。長谷部さんも基本は悪玉論の立場です。

瑤子　他方で、中国や北朝鮮の動きは脅威とは論証できていない、としていましたね。

木村　確かにアメリカはたくさん戦争をしていますが、それを一覧にしてみると、戦争の相手はほとんど独裁国家とテロ組織なんですね。ベトナム戦争のベトナムですら、共産党独裁政権ですから。誰彼構わず戦争しているわけではないということは言えますね。だから信頼する人は信頼するんでしょう、嫌う人は嫌うんでしょう。

瑶子 長谷部先生は、3要件があってもこれはあてにならず意味がないというお考えですよね。「アメリカの戦争の下請けとして、世界中で武力を行使し、後方支援をするための法案」とまでおっしゃってます。でも、このアメリカが日本を巻き込んで世界中で戦争をさせる、という図式は、具体的にどんな根拠があるのか。具体的には主張しておられないですよね。

木村 そうです。抽象的な可能性だけですね。ケース・スタディではゼロです。

4——アメリカは日本を見捨てるか

瑶子 長谷部先生はよほどアメリカが嫌いなんですね。

木村 そうですね。長谷部さんは他の著書の中でも、アメリカに対する見方をのべています。そのなかでも、アメリカが日本を助けてくれる保証はない、という発言は注目に値しますね（『安保法制から考える憲法と立憲主義・民主主義』長谷部編、有斐閣など多数）。理由としてアメリカはアメリカの利益で行動する。中国はアメリカにとって不倶戴天の敵ではないからだ、といっています。

瑤子　アメリカは中国との関係を改善するために日本を見捨てるかもしれない、中国から攻められても日本を守ってくれないかもしれない、ということですね。アメリカとの防衛協力の効果について懐疑的なんですね。でも、それは、日本単独で日本を守る覚悟をすべきだということにも聞こえます。そうすると、軍備は現在の何倍かいると聞きました。

木村　そんな軍事大国になったら、まさに軍国主義の復活を許すことになります。それよりなにより、アメリカが日本を守らなかった場合にアメリカが覚悟しなければならない損失が大きすぎます。日米同盟は戦後80年近くも大きなトラブルもなしに続いてきた。長谷部さんがそれでもアメリカが日本を見捨てる、というアメリカに対する不信を前提にするなら、安保条約はどうするのか、破棄通知をするのか、単独で日本を防衛するのか。長谷部さんはこれに答えなければならない。

瑤子　それは難しい選択ですね。長谷部先生は、日本の安全保障環境について超楽観的だから、ここであんまり悩まないということですかね。

木村　長谷部さんは、「人も住んでいないような小島（尖閣諸島）を守るために、若者の血を流す用意がアメリカ政府にあるという想定は、さほど説得力のあるものではない」としています（『安保法制から考える憲法と立憲主義・民主主義』P.106など多数）。

瑤子　尖閣諸島というのは、軍事的にはそんなに重要な島ではないんですか。

木村　とんでもないですよ。この地図を見てください。尖閣諸島は中国と台湾と沖縄諸島を結ぶ軍事的にも経済的にも重要な位置にあります。有人島である、石垣島、与那国島そして台湾の中心近くにあり、それらの島との距離はおおよそ150km。新幹線のぞみなら約30分、名古屋から京都までぐらいの距離です。

瑤子　近いですねえ。

木村　もし尖閣諸島を中国が侵略して占拠した場合、ここに軍事基地を作ることになるでしょう。その基地に、最先端の技術が施された高性能の軍事用レーダーが配置される可能性があるといわれています。中国はこれによって、台湾北部上空を完全に把握することが可能となりますし、沖縄上空を捉えることも可能です。このように、中国のレーダーが尖閣諸島に設置された場合には沖縄における日米の動きをおおまかに探知することができるようになるといわれています。これは軍事的に大きなメリットです。無人島であろうとなかろうと、中心の魚釣島は約1万2千坪、標高約380m。レーダー基地を作るには十分

尖閣諸島
沖縄本島
石垣島
与那国島
台湾

な面積です。

瑶子　ということは、アメリカ軍にとっても、戦略上非常に重要な日本の領土ということですか。

木村　その通りです。ただし、仮に尖閣諸島に中国が侵略してきたとした場合、その時尖閣諸島周辺の防衛をするのは第一次的には日本に決まっています。しかし、日本劣勢の時にアメリカが手をこまねいていたらどうでしょう。もしアメリカがここで後方支援をせずに尖閣諸島を取られてしまった、ということになった時は、アメリカの国際的な軍事的信頼感はガタ落ちでしょうね。日米安保条約上の義務をはたさなかったということですから。軍事同盟というのはそういうことだと思います。

瑶子　尖閣諸島の問題は別に置くとしても、アメリカのトランプ元大統領なんかはアメリカファーストで、海外のアメリカ軍を引き上げると発言していましたね。

木村　いってました、いってました。でも、実際にはそんなことはしなかった。日本とアメリカのしがらみは、そんな簡単に断ち切れるもんじゃないように感じますね。

瑶子　アメリカには、日米安保条約の解消という選択肢はあるんでしょうか。

木村　一年前にいえば解消できる条約なので法的にはできるんですが、それは大変難しいのではないでしょうか。少なくとも日本とアメリカの間にはこんなしがらみがあります。

①自由や民主主義という価値観、政治的な仕組みの共通性。

②経済的にはお互いに高度に発達した資本主義国家であること（その経済的関係な依存度は非常に高い。一例として、日米間の物品貿易の割合は世界のＧＤＰの約３割を占める）。

③アメリカがアジアにコミットしていく上で決定的に重要な、多数の米軍基地が日本にあること。

④アメリカが日本を見捨てた場合に生じる他の同盟国との信頼関係の脆弱化。世界中でアメリカと安全保障条約を結んでいる他の同盟国も、結局アメリカは信用できない、いつ見捨てられるかもしれないという動揺が生じること。

これぐらいは僕でも考えつきますね。そうすると、アメリカが日本を見捨てた場合の国益の損失がいかに大きいかがわかります。

瑤子　長谷部先生は、一方ではアメリカは日本を巻き込んで世界中で戦争をしようとしているという認識ですよね。それと、アメリカは日本を見捨てるという主張はマッチしていないと思いますね。でも、アメリカが自国の負担を少なくしようとしているのは確かのようですから、日本にさらに負担を求めてくる可能性がありますね。いずれにしても、大局を見なければならないということですよね。でも昔は、日米安保条約に反対する大運動があったんですね。

木村　60年と70年に大きなうねりがありました。当時は社会党（現社民党）が野党第一党で、日米安保条約に反対する運動が日本中で起きてました。その時の社会党の認識は、日米同盟は「侵略的な」軍事同盟だという認識です。アメリカ帝国主義という、社会主義用語が飛び交っていました。当時僕はノンポリでしたけど「社会主義国や共産主義国は先進国家」という幻想を持っていましたね。そのメッキがはがれて来たのと並行して安保反対の運動はすたれていきます。その中で野党の安保条約観も変わってきて、日米安保条約を日本の安全保障のかなめにしていく、ということは、21世紀が始まる前後に日本の国政レベルではほぼ決着がついた問題なんです。共産党は別にして、ですが。

瑤子　長谷部先生の発言の先には日米安保条約自体を見直すという考えがあると思えます。そこまで発言した以上、安保条約を見直した先に日本の安全保障についてどのような展望があるのか聞かせて欲しいですね。それがなければ無責任だと思います。

5 悪用された集団的自衛権

木村　いままで、集団的自衛権というのは、どういうときに悪用されてきたのか、そしてその悪用は、集団的自衛権行使をしばる3要件（P.126）があった場合に防げるのか、過去の事例から簡単にシミュレーションをしてみましょう。

瑤子　何件ぐらいあるんですか。

木村　集団的自衛権が使われた事例というのが、国連に報告されたもので14例ありますが、あまり芳しくないものが多いです。

瑤子　悪用されていることが多いということですね。

木村　特に旧ソ連が行使したものはひどい。それはひどすぎて参考にならないからここではおきます。アメリカが行使したものについても、大いに問題があります。

①日本はベトナム戦争に参戦できるか

木村　まずは、ベトナム戦争ですね。

瑤子　祖父や祖母から話を聞いたことがあります。二人は、学生時代にベトナム反戦デモで知り合って結婚したそうです。

木村　反戦デモがデートスポットになるぐらい、若い人がたくさん参加した。かくゆう私も参加していきます。南北に政府が分かれていたベトナムの南ベトナムにアメリカが肩入れします（南ベトナムはアメリカの傀儡政権に過ぎないという見方もあります）。北ベトナムに加担したのが旧ソ連と中国。アメリカは南に浸透してきた北に支援された共産主義勢力と戦います。そのときアメリカが根拠に使ったのが、集団的自衛権。アメリカは北ベトナムに直接攻撃を加えました。これが北爆といわれるやつですね。

瑤子　アメリカがそんなに必死になったのは冷戦との関係ですね。

木村　そうです。世界は冷戦の真っただ中。ベトナムを統一する共産党政権を作られたら、世界中に次々にドミノのように共産主義革命が起きるのを恐れたといわれてます。冷戦の真っただ中の熱戦です。

瑤子　結局アメリカは負けたんですね。

木村　独立戦争以来勝ち続けて来たアメリカの初めての敗北です。

瑤子　でも、結果的にドミノ現象が起きたわけではないですよね。

木村　そうですね。アメリカとベトナムの友好関係は、90年代からどんどん進んで、交易額も高い水準にあります。日本もそうです。

瑤子　その裏には、中国包囲網にベトナムをかませようという狙いもあるという見方もあるようですが。

木村　そこで一つの、シミュレーションですが。このベトナム戦争がまだ続いてると仮定して、南ベトナムとアメリカから要請があった場合、はたして日本は今度の3要件がついた集団的自衛権によって参戦できるのか。

瑤子　要件1のB〈日本と国民の存立危機事態があること〉と要件3〈必要最小限度の実力行使にとどまること〉で、どう緩く解釈しても全然ダメみたいですね。

木村　関連してもう一つやってみましょう。アメリカに日本と同じ限定3要件があったと仮定した場合、アメリカはベトナム戦争の当事国となれたのかというシミュレーションです。それでは、まず要件1のA。南ベトナムに対して武力攻撃があったか。これは、主に南ベトナム解放戦線（北ベトナムに支援されたゲリラ組織通称ベトコン）によるゲリラ攻撃があったので、いろいろな見方はあるだろうけど、南ベトナムへの攻撃はありで、一応これはクリアしていることにしましょう。

瑤子　次に要件1のBですね。南ベトナム解放戦線による南ベトナムに対する攻撃によって、アメリカとアメリカ国民に対して、その息の根が止まるような明らかな危険〈存立危機事態〉が生じたか。

木村　確かに、アメリカは、ベトナムに南北統一した社会主義政権ができることを資本主義に対する脅威と感じていたでしょうけど、仮にベトナムに社会主義政権ができたからといって、それでアメリカと国民にとって明らかに息の根が止まるような事態があったとはいえないでしょう。アメリカに存立危機事態が明らかに生じていたとはいえないですね。

瑤子　それはめちゃくちゃな拡大解釈をすれば何でもできてしまうわけですけど、議会の承認という要件もあるわけですから、そんなことをしたら政権はもたないでしょう。

木村　それだけで、アメリカの集団的自衛権の行使はアウトですけど、さらに要件2の〈国を守り、国民を守るために、他に適当な手段がないこと〉、要件3の〈必要最小限度の実力行使にとどまること〉も全然クリアできないみたいですね。

瑤子　さて、いずれにせよ、この限定3要件でみると、日本はアメリカのやったベトナム戦争タイプの集団的自衛権の行使は無理、アメリカにも日本と同じ3要件があったら、議会の承認がもらえず、あの戦争はできなかっただろうということですね。

②イラク戦争に日本は参戦できるか

木村 次のシミュレーションは90年の湾岸戦争。イラクがクウェートに侵略したことで起きたもので、国連安保理決議によって、欧米を中心に多国籍軍が編成されて、イラクがコテンパンにやられたケース。

瑤子 この時のイラク戦争は、国際法的には問題ないと聞いていました。ですけど、もしクウェートから日本に要請があって、かつその当時限定3要件付の集団的自衛権があったとしたら、日本は集団的自衛権をつかってそれに参戦できるのかですね。

木村 イラクの侵略行為はピカピカの国際法違反だし、多国籍側はクウェートからの要請を受けている。だけど、日本の立場からすると、放っておけば、明らかに日本と国民の息の根が止まるような事態（存立危機事態）がおこっているとはいえないですね。

瑤子 とすると、新安保法の3要件の1B存立危機事態でいけば、助太刀はできない。

木村 そうです。こうしてみてくると、3要件で縛られている日本の自衛隊が、3要件の限定がない欧米の国のように、自由に助太刀ができるわけではないですね。元内閣法制局長官の大森政輔さんがいうように、文言上かなりの縛りがかかっています。

瑤子　アメリカの戦争に巻き込まれるといっている長谷部先生には、過去のアメリカが関与した戦争で、どのケースだと日本が引き込まれる可能性があるのか、あるいはこれから予想されるアメリカの戦争でどうなのか、3要件を踏まえて逆にシミュレーションして教えて欲しいですね。3要件があるとなかなか日本の自衛隊がアメリカの尻馬にのって集団的自衛権を行使するケースは思いつかないですね。

木村　3要件はかなり縛りがかかってますね。長谷部さんは、それでも3要件が無茶苦茶に拡大解釈されることを恐れているんですね。

瑤子　そんなめちゃくちゃをやろうとした政権は国民の信頼を失いますよね。

木村　そんなことをやろうとした政権が国民の支持を失い政権が変わる。それが民主主義でしょう。長谷部さんは、カウンターデモクラシー（選挙以外の方法で民意を政治に反映すること）ということをいろいろなところで強調してるんだけど、その実、選挙による民主主義に対する信頼が非常に薄いですね。自分流に解釈した今の憲法だけを信じている感じですよね。だから、国民が憲法のことを考えているのは不幸だといったり、憲法学者でないものが憲法について大声で発言することを批判するんですね（第3部第1章3）。とどのつまりは、旧政府解釈を憲法の一部だとまでいって、国会より強い力を持たせようとしたりする。その根は民主主義に対する不信という点で同じなんですね。国民の判断力や、議会制民主主義に対する不信が強い。一種の愚民論。正しいことを知っているのは、憲法の専門家だけだ、という感覚ですね（笑）。

第7章　新安保法のその後

〈この章のねらい〉

制定時には大きな反対運動にさらされた新安保法だが、その後はウクライナ戦争もあって状況が変わってきた。ここで、その流れを追ってみる。

1 ―― 新安保法の評判

瑤子　この法律の評判はどうなんですか。

木村　できた頃は、評判はかなり悪かったですね。新聞でも憲法違反じゃないかって書いていましたからね。テレビもそういう方向が強かったです。55年続いた憲法の解釈をこれだけ露骨に変えちゃったんだから、メディアとしては当然でしょう。当時の新聞の世論調査でも、反対派が過半数で、賛成派3割ぐらいという調査結果がありました。

瑤子　最近はどうなんですか。

木村　その後の世論調査では少し変わってきています。ウクライナ戦争勃発の前年、21年春に読売新聞が新安保法について行った調査では、評価するが47％、評価しないが41％と微妙な感じになってきました。中国や北朝鮮の動きも影響しているでしょう。ウクライナ戦争が勃発した後の、読売新聞の調査では、集団的自衛権を認めたことを評価するが57％になって、評価しないが38％となっています。新安保法反対の側に立っていた木村草太さんも新安保法の成立までに、いくつかの改善がなされたことから、こんな風にいっています。

①国外にいる日本人の保護、平時（戦闘が起きていない）でのアメリカ軍への協力、国連PKOへの協力などは、いずれも軍事的な協力ではなく治安警察活動に関わるもので、行政と外交の範囲に止まっている。従って憲法が禁じる武力行使には当たらない、としています。②集団的自衛権の要件の、存立危機事態が曖昧だという点についても、解釈によって憲法の範囲に収めることができるので、合憲と解釈することもできる。として、「全般として憲法上の原則を踏まえた内容になっており、これまでの枠を大きく踏み出したものではないと言える」としています。ただし、出動に当たるかもしれない自衛隊員の安全確保やアメリカ軍の後方支援の範囲が広がっていることについては、まだ懸念があるとして

います（『増補版　自衛隊と憲法』晶文社、P．131〜）。

瑤子　大分積極的な評価になっていますね。戦後の日本は攻められていないですけど、アメリカに対する攻撃を放っておいたら日本と国民の存立危機事態となる場合に、アメリカを助太刀するべきか、という考え方はもっと前から議論されていなかったんでしょうか。

木村　水面下では進んでいたんでしょうが、安倍さんがいい出すまでは表では議論されていないんじゃないでしょうか。

瑤子　長谷部先生のいう「アメリカの飼い犬の様についていって、アメリカの侵略戦争を世界中で下請けする」、そういう事態になった時には、それは新安保法に違反するばかりか憲法にも違反することは明らかですよね。国民的大運動を起こして政権交代をさせなければならないでしょう。それが民主主義というものだと思いますけど。

木村　何度も言いますけど、長谷部さんは、カウンターデモクラシーを評価するといってますけど、本筋である議会制民主主義に対する期待値が非常に低いですね。一種の愚民論ですね。

瑤子　いずれにせよ、新安保法を憲法違反とする根拠が第5章で長谷部先生がいう程度のものだとすると、それだけでは、国民を動かすことはできないと思いますね。

2 ── 揺れている立憲民主党

瑤子　共産党は新安保法廃止を将来の政策に掲げていますけど、現時点で野党第一党である立憲民主党はそれで行くんでしょうか。

木村　かなり微妙ですね。最近は、集団的自衛権は丸ごとダメだという言い方は影を潜めています。

瑤子　自衛隊を憲法の規定に明記するときに、フルスペック、限定のない丸ごとの集団的自衛権は認められない、というような言い方ですね。

木村　それは、反対解釈すると、限定の入った集団的自衛権なら受け入れ可能ということなのかな、という感じですね。ここははっきり早めに政策を決めてアピールした方がいいんじゃないかと思いますがね。

瑤子　自民党が政治とカネの問題であの状態ですから、政権が取れる現実的な政策を練り上げてほしいですね。

第3部

長谷部教授と憲法改正

第1章　なぜ国民投票は実施されないのか

〈この章のねらい〉

憲法学界では憲法改正は80％以上が反対、世論調査では60％以上が賛成。果たしてこの溝は埋まる可能性があるのか。憲法改正反対派の代表格、長谷部教授の、専門家中心主義の不思議な発言からそれを読み解いていく。

1　憲法学界と国民意識の開き

木村　僕の若いころは、憲法改正賛成、なんていう人は、極端な右翼だといわれた時代。それから比べるといまは、ずいぶん変わりました。読売新聞の23年4月に実施した世論調査では、憲法は改正したほうが良いが61％ということです。それは、日本が置かれている環境が厳しいという認識が広がってきたということでしょう。

瑤子　私の先生は、自衛隊は憲法違反という立場ですけど、憲法は直した方がいいという意見です。とくに、プライバシー権とか知る権利とか、新しい権利は、憲法を作った時にはなかったものだから、はっきり憲法で権利として認めるように改正した方がいいということです。

木村　憲法の学界では憲法は変えない方がいいというのが圧倒的です。8割以上といわれています。そもそも、自衛隊が憲法違反だという学者が6割から7割、合憲というのが2割強という世界だから当然といえば当然ですけど。自衛隊についての国民の世論調査では、朝日新聞の22年5月の調査で、合憲が78%、違憲が14%。

瑶子　かなりの開きがありますね。この開きの理由はどこにあると見たらいいんでしょう。

木村　それをいろいろな角度から考えていくのがこの本のねらいの一つです。

瑶子　まず「憲法はともかく大切なものだから、変えてはいけない」と考える憲法学者が多数いるということでしょうね。

木村　憲法改正がむかしからなかなか実現していないのは、まず、現行憲法に愛着を持っている憲法学者が多いということでしょうね。その筆頭格が、憲法学界の権威といわれる長谷部恭男さん。長谷部さんはこんな風にいってますね。

「憲法は、ちっとやそっとのことで揺らいではならない社会の長期にわたる仕組みや原則を定めたものです。時の権力を持った人の思い込みだけで変えようというのは、良識に反することだ、これだけははっきりいえます」（『憲法の良識』朝日新書、P.5）

これ、どうですか。

瑤子　うーん、学者先生にしては、情感がたっぷり入った表現だなと思いました。憲法を変えるという動きは良識のない、時の権力者が思い込みでやろうとしていることだ、というわけですね。

木村　憲法改正の議論は戦後すぐに始まっていて、いまや国民の多数が憲法改正について賛成している。そういう時代なのに、改正を支持する人に対して頭から「良識がない」とか「思い込み」とか、最初に長谷部さんの価値観がどーんと強く出てしまう。しかもその理由は述べません。これが長谷部さんの発言の特徴です。

瑤子　世論の動きを見れば、権力者の思い込みだけで変えようとしている、というのは時代錯誤でしょうね。

木村　良し悪しはともかく、改憲派の声も十分聞いて、これに丁寧に反論していくというのが、いまでは国民的には少数派になった護憲論の憲法学者が真っ先にやるべきことでしょう。それをしないで、先にレッテル貼りが始まってしまう。

2―改憲論はいつから

瑤子 長谷部先生は、日本を守る自衛隊は合憲論ですが、集団的自衛権は違憲という立場ですよね。

木村 そうです。長谷部さんの『憲法の良識』（朝日新書）が出版されたのが、2018年ですから、その時の総理大臣は安倍晋三さんですね。憲法改正は安倍さんの思い込みだけでやられようとしていると理解しているようですね。

瑤子 時の権力者の思い込みだけでやられたらかないませんけど、時の権力者の思い込みだけで憲法改正の声が上がっているということを、学者としてどう論証するんでしょうね。

木村 論証できないことをいう。これがこの長谷部さんの発言の第2の特徴ですね。そこで、長谷部さんは、「日本で非常事態が起きている。70年余り変わることのなかった憲法を、どうしても変えるという人がいる」と警告するわけですね。改憲の動きが今始まったかのようにいう。だいたい、この認識はおかしいでしょう。

瑤子　そうですね。憲法改正の議論はずっと前からありましたよね。急に安倍さんがいい出したわけではないと思います。高校生のころ社会化研究会というグループがあって、憲法改正問題の公開討論会を企画しました。その時、自民党の出していた憲法改正案と読売新聞社の出していた憲法改正案と、改憲反対論の記事とを資料として配ったのを覚えています。賛成派、反対派に役割分担して討論して、最後に会場の賛否を聞きました。会場はほとんど五分五分でした。

木村　55年に結党された自民党の第1の目的は憲法の改正ですから、いまから68年前です。自民党の憲法改正案、過去に2回出ていますね。もちろん9条についてもです。読んでいかがでしたか。

瑤子　読みましたけど、ちょっと文章の感覚が古いなとは思いました。長谷部先生も読んでおられるわけですよね。

木村　当然読んでおられるわけです。

瑤子　なぜ最近になって、一権力者の思い込みで始まったように言うんですかね。

3——最近起きている好ましくないこととは

木村　もっと面白いのは、長谷部さんが、最近憲法のことについて好ましくないことが起きていると、いい出したんですよ。

瑶子　どんなことが起きてるんですか？

木村　一つは、憲法の専門家でない人が、日々憲法について発言するようになったということですね。

瑶子　それは、いいことじゃないんですか。好ましくないんですか。

木村　普通の憲法学者の方は、それを評価しているみたいですけど、長谷部さんは違うんですね。「専門外のことについて臆することなく大声で発言する」人がいるのは大いに気に入らないみたいです。

瑶子　発言するにしても、素人は遠慮して小声でいえということなんですね。

木村　「こうしたフェイク憲法論が世にはびこることには副作用の心配があります」といってます。こうして専門家以外の議論を抑えようとする専門家中心主義、権威主義といいますけど、これも長谷部さんの発言の大きな特徴です。

瑶子　自分と違う意見をフェイクというのは、トランプさんが流行らせたものですけど、フェイクとかレッテル貼りをするんじゃなくて、中身で議論する方が学者らしいですよね。

4―憲法のことを考えなければ幸せになれるか

木村　これはどうですか。「一般市民が憲法のことをしょっちゅう考えていなければいけない社会というのはどちらかといえば不幸な社会だ」(同書P.4)。

瑤子　それも専門家中心主義、権威主義ですね。あまり民主主義には期待しないんですね。

木村　そうです。そのことは、後で続々出てきますから。

瑤子　でも、私の大学の先生は、憲法は社会から遠ざかった法律と思うかもしれませんが、憲法ほど政治や経済や生活に結びつく身近な法律はありません、自分の生活に結びつけて勉強してください、と何度もおっしゃっていましたけど。

木村　一般の市民が憲法について話していたら、憲法学者は喜ぶと思うんだけど、長谷部さんは違うんです。「憲法を変える方がいいか、変えない方がいいか、一般の市民まで一生懸命考えなければならないなんて、異常な社会だ」といい切ってます。

瑤子　要するに憲法のことは難しいから、憲法学者に任せて一般市民は忘れていられれば幸せというわけですね。

木村　専門家の役割についての時代の流れを全く理解していないですね。例えば、医療の分野なんかでは、何でも医師が決めてしまう専門家中心主義の医療から、医師が情報を患者にわかりやすく提供して患者の自己決定を尊重する患者中心主義の医療に、30年から40年かけて変わりました。弁護士の仕事も、同じころから依頼人に専門的情報を与えて、依頼人の自己決定を尊重する仕事になっています。

瑤子　インフォームド・コンセントですよね。憲法なんて、そういう自己決定権の尊重を大切にしましょうという一番の大元でしょう。

木村　その通りです。憲法を改正するか、どのように改正するかは、専門家の情報ももらいながら、国民自身が決めることです。その反対にあるのが権威主義です。

瑤子　国民が考えて、国民が変えるか変えないか、変えるとしたらどこをどう変えるか決められなければおかしいですよね。どうしてここで、長谷部先生が、素人が一生懸命憲法のことを考えようとしたり、意見を発信しようとすることを、不幸とか異常とかフェイクとか表現するのかよくわかりません。何が幸せか、何が不幸かは、国民自身が決める、と憲法に定められています。

木村　憲法13条の幸福追求権ですね。前にも話しましたが、何が幸せかの判断を上から押しつけてはいけない、という大変重要な規定です。自己決定権の根拠とされているのが、憲法13条ですね。ここで、幸福を追求する権利がうたわれています。幸福というのは国がこうだと決めたり専門家が決めたりするものじゃなくて、国民一人一人が自分で選んでいくもの、というのが憲法13条で。これをベースにして認められたのが、自己決定権ですね。

瑤子　世論調査で改憲した方がいいという意見が61%あるけどこれは素人どものフェイク意見に踊らされている、というわけですよね。「憲法を変える方がいいか変えない方がいいか一般の市民まで一生懸命考えなければならないなんて不幸です。異常な社会です」。要するに、いいたいことは、「憲法を変えるか変えないかで悩まなければ、あなたはきっと幸せになりますよ」、「それが正常な社会ですよ」というわけですね。徹底した権威主義ですね。じゃあ誰が考えるのかですね。

5――法律家共同体が解釈を決める?

木村　長谷部さんが極端な専門家中心主義、権威主義であるということは、こんな発言でもわかります。

「法解釈に疑問や難問が生じた時、最終的には『法律家共同体のコンセンサス（合意）は どこにあるのか』ということが解釈の決め手になります。例えば集団的自衛権の行使が違憲だというのは法律家共同体のコンセンサスです」（『憲法と民主主義の論じ方』朝日新聞出版）。

瑤子　うーん。その法律家共同体というのは何なんでしょう。

木村　説明がないのでわかりませんが、長谷部さんは日本公法学会の理事長ですから、そのことだと思いますね。

瑤子　どっちにしても憲法学者の驕りなんでしょうね。

木村　朝日新聞に掲載された杉田敦氏との時事対談では、「法律の現実を形作っているのは法律家共同体のコンセンサスです。国民一般が法律の解釈をするわけにはいかないでしょう。素っ気ない言い方になりますが、国民には、法律家共同体のコンセンサスを受け入れるか受け入れないか、二者択一してもらうしかないのです」（15年11月29日朝刊）。要するに、国民の多数決で決めるのはおぼつかないので、法律家の決めたものを国民に示して、イエスかノーかで答えさせるという仕組みにするということですね。

瑤子　うーん。不気味ですねえ。でも、その学会は国家機関ではないですよね。

木村　長谷部さんの中では国家機関なみになっているんじゃないですかね。

瑤子　長谷部先生の中では、憲法の解釈のきめ手になる機関なんですね？

木村　もう少し説明してほしいですね。法律家共同体。私が誘われていないことは間違いないですけど（笑）。

瑤子　どこにあるかわからないような法律家共同体が決めたものを受け入れなさい、二者択一ですよ、と迫られる。それを憲法学界の権威の先生がいうんだとすれば、なにかゾワゾワしますね。

第2章　ドイツはどうやって変わったか

〈この章のねらい〉

戦後10年目にして憲法を改正し公式に軍備を持ったドイツは、NATOに迎えられて加盟した。これは、日本のモデルとなりうるか。

1　再軍備含む戦後63回の憲法改正

瑤子　長谷部先生は「憲法は、ちっとやそっとのことで揺らいではならない社会の長期にわたる仕組みや原則を定めたものです」とおっしゃってますが、日本以外の国の憲法はかなり改正されているようですね。

木村　そうですね。70年も変わらない憲法というのは、日本だけです。参考になるのは、日本と同じ第二次大戦の敗戦国として戦後スタートしたドイツですね。ドイツでは憲法のことを基本法といってますが、いままで63回改正されています。

瑶子　えー。ずいぶん頻繁なんですね。どうしてそんなに多いんですか。

木村　それは連邦国家になっていることからくるものが多いんです。連邦を運営するために、かなり技術的に細かい改正が大部分を占めます。

瑶子　ドイツ人はお国柄、細かいことでも直すんですね。

木村　でも、大きな改正もかなりありました。一番大きな問題は再軍備です。日本と同じで終戦後は軍備が認められていませんでした。これをフランスなどの国際的了解をとって再軍備したのが、55年です。当時はドイツは社会主義の東ドイツと自由主義の西ドイツに分断されていて、お話ししているのは西ドイツのことになります。

瑶子　日本では、憲法改正を掲げて自民党が結党された年ですね。55年体制とよくいわれますけど。日本では憲法はそのままで70年たったわけですね。

木村　ドイツはこの時にＮＡＴＯに加盟していますから、当然ＮＡＴＯの条約に従って集団的自衛権は１００％限定なしで持つことになりました（日本は第2部で話したように、新しい安保法で、日本と国民の存立危機事態の時だけに限定されている）。

瑶子　ほかのヨーロッパの国はどうしてドイツのＮＡＴＯ加入を認めたんですか。

木村　それは、ＮＡＴＯ加盟国の利益になるからです。ＮＡＴＯというのは軍事同盟ですけど、互いに集団的安全保障機構でもあります。ですからここでは加盟国同士では武力を行使しない、ということが鉄の掟です。もし加盟国のうちの一つの国が、ほかの加盟国に武力を行使したら、そのほかの全加盟国が武力を行使したその国に対して一斉に反撃する仕組みになっています。

瑤子 それで、ヨーロッパの国どうしでは戦争が起こらずに来ているわけですね。軍事同盟というと、一緒になって戦争をする、というイメージがありますけど、ドイツがまた戦争を起こさないようにNATOに入れたという面もあるわけですね。

木村 そうです。だから、ドイツがフランスに対して武力を行使するということはあり得ません。同じように日本とアメリカも同盟関係だから、日米間に戦争が起こるということは想定されていません。

瑤子 ドイツの再軍備の憲法改正については、国民投票とかあったんですか。

木村 ドイツは、下院の3分の2、上院の3分の2の議決だけで成立します。特に徴兵制が入ることなんかで野党の反対はありましたし、反対デモもありましたけど、結果は改正されています（注、ドイツではほかにも、60年代に緊急事態についての憲法改正、90年代に重大犯罪の通信傍受の問題で改正が行われた。その際には、国を二分する論争があった）。

2——改正がないまま液状化が進む9条

瑶子　ということは、ドイツは論争はあったけれども、明文で改憲して再軍備を決めたということですね。日本はそれがなくって、政府の解釈でずるずるっと実質的な改憲がされてきた。

木村　憲法9条の解釈は、自衛隊違憲説から合憲説、集団的自衛権行使合憲説まであって、液状化現象の最中にあるわけです。ですから、日本の安全保障にとって欠かせない国防の問題について、憲法の改正とか解釈の問題という形でずーっと議論が続けられているわけです。

瑶子　それを、長谷部先生は国民にとって不幸だといっているわけですね。

木村　確かにいつまでたってもすっきりしない、ということは不幸といえば不幸ですが、なぜそんな不幸が続いてきたのかですよね。一方にどう見てもすべての戦力を放棄したとしか読めない憲法を持ちながら、他方にどう見ても戦力としか見えない世界有数の巨大な軍備である自衛隊をもっている。その現実と憲法との橋渡しをする政治が行われなかったからでしょう。

瑤子　ドイツのように、明文で改憲しておけば、そういう不幸だけはなかったことになりますね。長谷部先生は、憲法学者も、自衛隊合憲説が多数いるから、わざわざ明文で改憲する必要はない、とも言っておられるようですが。

木村　そんなわけないですよ。それこそフェイクですね。長谷部さんは憲法学者の中でも、自衛隊違憲説が「支配的」だと自分の本に書いてるんですから。朝日新聞のアンケートでも実際約6割は自衛隊違憲論ですからね。合憲論は2割強です。

第3章　長谷部教授の不思議な護憲論

〈この章のねらい〉

ともかくなにがなんでも憲法をいじらせない、ということを目的とした、長谷部教授の強弁・詭弁を一つ一つチェックしていく。

1　自衛隊は人気があるので憲法に明記は必要ない？

瑤子　長谷部先生が自衛隊を憲法の中に明記することについて反対されている理由は何なんですか。

木村　まず、「憲法についてまるでわかっていない人たち」が憲法を書き換えたがるのは間違っている、ということですね。

瑤子　どの辺がわかっていないというんですか。

木村　例えば、自衛隊を憲法に明記すべきかという問題についてですが、その点の長谷部さんの認識は例えばこんなもんです。「自衛隊の存在をはっきり憲法に書いて、自衛隊の人たちに誇りをもって仕事をしてもらいたい」という意見があるが、それは的外れだというんです。その理由として、二つ挙げています。一つ目は、9割を超える人が自衛隊に良い印象を持っているので、いまさら明記する意味がない。

瑤子　えー！　そうすると、自衛隊に人気がなければ憲法に明記してもらえるということですか。なにか、不思議な意見ですねえ。人気者だから憲法にも載せようよ、という考えもあり得るでしょう。この理由づけは、無理やり感が強いですね。

2　誇りは意図しない副産物？

木村　二つ目の理由はこうです。「人というものは誇りを持ってください、といわれて誇りを持つものではない。誇りとは、仕事を一つ一つ地道にこなしていく中で、意図しない副産物として生まれるものだ」という批判なんです。

瑤子　それって、長谷部恭男さんという人の個人的な人生観ですよね。まったく主観的で、全然普遍性がない。これも無理やり繰り出した感じですね。しかもそれ、憲法の専門知識とは全く関係ない。その人生観の正しさを憲法学の専門家として論証しろ、といわれたら先生どうするんですかね。

木村　仕事に誇りを持ってください、と憲法にいわれたら、普通は喜びますよね。誇りを感じる人が多いでしょう。自衛隊員にアンケートを取ったらそうなると思いますけど。9条を改憲して自衛隊を明記しようという人は、ただ誇りを持ってください、と口でいうんじゃなくて、あなたたちの職業は国民投票で支持された立派な職業ですよ、というメッセージを憲法上の文字にして贈ろうとしているわけです。これが誇りにつながらないという長谷部さんの人生観は僕には全然共感できません。

瑤子　私が自衛官だったら、憲法の文字だけを読めば違憲に見える、胡散臭いと見られるのは嫌ですね。しかもそのおかげで、6、7割の憲法学者が、「お前たちは憲法違反だ」とみている。これは嫌ですね。

木村　もう一度出しますが、大江健三郎さんみたいに「ぼくは防衛大学生をぼくらの世代の若い日本人の一つの弱み、一つの恥辱だと思っている。そして、ぼくは、防衛大学の志願者がすっかりなくなる方向へ働きかけたいと考えている」（毎日新聞昭和33年6月25日夕刊への寄稿）という人もいる。ノーベル賞受賞者に、恥辱、とまでいわれたままではつらいですよ。

瑶子　軍隊については、よく士気という言葉が使われますけど、まさに士気にかかわることですよね。戦争になったら、国家と国民のために命がけで戦うという気持ちがなければいけないわけですから。まして長谷部先生は自衛隊合憲論でしょう。ということはいざとなったら、自衛隊員に命をかけて戦ってきてくださいという立場ですよね。なのに、どうしてそんな奇妙なことまで言って、反対するのかわかりませんね。

木村　自衛隊明記の必要がない、として長谷部さんが挙げたこの二つの理由は、長谷部さんの個人的人生観から出たものではあっても、憲法学に関する専門知識から出たものでは全くないです、ということを確認しておきましょう。

3──租税法律主義はいらない？

木村　つぎは、はたして長谷部さんが憲法についての基礎知識を持っているのか、という疑惑に迫ります。

瑶子　え、先生に基礎知識がないかもしれないんですか。

木村　僕にはそうとしか思えないですね。長谷部さんは、「自衛隊を認めるなら憲法に明記しろ」という意見にこう反論します。まず、なんでもかんでも憲法に書けばよいというものではない、といいます。そしてその裏付けとして、現在憲法に明記されているけれども、書く必要がなかったものの例を挙げます。

瑤子 「必要性がある制度ではあるけれども、実は憲法に書く必要はないもの」という意味ですね。

木村 憲法に書かなくても、法律に書けば十分だという意味のようです。

瑤子 そんなのがありましたっけ。

木村 長谷部さんが挙げたのが、憲法30条です。「国民は、法律の定めるところにより、納税の義務を負う」という条文ですね。この規定は憲法になくてもいい、といい出すんです。納税の義務なんて、憲法に定めなくたって、法律で定めればいい、ということなんですね。

瑤子 え、ほんとですか。でも、その条文は、租税法律主義を定めた条文ですよね。大学では国民主権にとって大変大切な条文だと習いました。この条文が憲法にあるので、国会で成立した法律以外の、例えば、政令とか命令とかで、税金を取られることはない、そういうことですよね。

木村 その通りです。この条文は、憲法の元祖といわれるマグナ・カルタに初めて記されたもので、800年の歴史がある。主権者は国民だから、国民の選んだ代表が決めたもの以外には払う義務がない、という条文ですね。国民による国家の自治、国民主権につながる、ものすごく大切な条文ですよね。民主主義国家であれば、どこの憲法にも入ってます。長谷部さんが何でこんなことをいい出したのか。

瑶子　自衛隊を憲法に明記させたくないということで頭がいっぱいになっていて、マグナ・カルタまで忘れちゃってる。長谷部先生は「憲法についてまるでわかっていない人たちが憲法について発言する」、といって怒ってますけど、先生の方こそ大丈夫なんでしょうか。

木村　長谷部さんは、ひょっとすると憲法84条に、税金を課すには法律または法律に基づく条件によることが必要、と重ねて租税法律主義が規定されているから30条はいらないと思ったのかもしれないですね。そうはいっても、国家を成り立たせるのは国民の税金ですから、税金が払われなければ、人権も安全保障も社会保障も、国家の国民に対する義務が実行できないわけです。すべての憲法上の仕組みは、30条の国民の納税義務の上に建っているといってもいい。税金と公共サービスはGIVE & TAKEの関係です。究極には国民主権を体現した最も重大な義務を憲法上で確認することは欠かせないことで、究極には国民が国家を支えていることを確認する30条の存在は憲法の中に欠かせないと思いますね。

瑤子　憲法にはそのほかに、教育の義務とか勤労の義務とかも定めてあって、国民の三大義務とかいわれてるけど、納税の義務は格が違うと教わりました。

木村　例えば、国会議員は所得税を免除するという法律が作られたら、それは憲法30条の出番。憲法違反で無効になります。

瑤子　なるほど。30条には役所《やくどころ》がありますね。

4――軍国主義が台頭？

木村　長谷部さんは、こんなこともいってます。9条を変えることは平和主義をなくすことになるから、国際的に見れば、日本でふたたび軍国主義が台頭してきた、と警戒されることになる、というわけです。

瑤子　だけど長谷部先生は自衛隊は合憲で、しかもその根拠は自衛隊を持つことが良識にかなうということですよね。長谷部さんの「良識」を憲法の中に明記したからといってなぜ平和主義がなくなるんですかね。しかも、今出ている自民党案では、憲法9条は残して、別に自衛隊を認める条文を入れるというわけですよね。

木村　9条が明文で言っていることは、自衛のための戦力も持たないということですよね。そう憲法の明文でいっていながら、世界8位といわれるトップクラスの戦力を持っている。その方が、国際社会では信用されませんよ。

瑤子　欧米には9条改正に反対の国はないんじゃないですか。

木村　そうですね。アメリカやNATOは大歓迎でしょうね。いまや、航空自衛隊とフランス空軍やドイツ空軍との共同軍事演習がなされているぐらいですから。たぶん長谷部さんが恐れているのは、日本の周辺国、絞り込めば中国と北朝鮮のことでしょう。ここが反発するのでは、と。

瑤子　9条を改正すると、中国や北朝鮮を刺激してますます緊張が高まるということですね。

木村　確かに、中国や北朝鮮は、日本の軍国主義復活に警戒せよ、ということをずっと昔からいい続けています。中国共産党は「人民日報」で、自衛隊を明記することについて「危険信号」といっているようです。日本が集団的自衛権行使を認める前にも同じようなことがありましたけれど、認めたあとは「中国の主権と安全保障上の利益や地域の平和と安定を損なってはならない」という中国外交部の声明が出た程度です。

瑤子　日本が自衛隊を持っていることについては、中国も北朝鮮も十分知っているわけですよね。

木村　もちろん自衛隊があることは知ってます。明記したら、え、軍隊がいたの、といって驚くということはありえませんからね（笑）。でも、70年以上も変わらなかった憲法が変わるわけですから、それは何らかの反応はあるでしょう。でもそれが日本の安全保障にとって深刻な事態をまねくと見るのはどうでしょう。

瑤子　武力を持っているのに、それが憲法に明記されていない国というのは珍しいわけですよね。

木村　恐らくないでしょう。ほとんどの国の憲法にも軍に関する詳しい規定が明記されています。軍隊を憲法に明記したということが国際紛争の引き金になったことはありません。

5　長谷部教授のいいたい1から4

瑤子　長谷部先生は、立憲主義があるわけですから、9条を簡単に変えてはいけないということはおっしゃっているんじゃないでしょうか。

木村　まさにその通りです。簡単に変えるのはいけない。でも、70年以上も議論した末に変えようと言うのは「簡単に」変えたことになるんでしょうか。しかも、簡単に変えることはいけないからこそ、両院の3分の2以上で発議して国民投票で過半数という厳しい条件が決められている。これはとても厳しい要件です。でも、これをクリアしてなされる憲法改正が立憲主義に反するとは言えないわけですよね。現在（24年3月現在）のところ、自民、公明、維新、国民の4党の議員数は、衆参ともに3分の2を超えている。足並みさえそろえば、憲法改正の発議の条件を満たしていますね。

瑶子　憲法を憲法の定めている改正手続きに従って改正することについて、立憲主義からどうこう言うことはできませんね。長谷部先生もまさかそれは言えないですよね。

6 ９条を改正しても北のミサイルは止まらないから意味がない？

木村　改憲派が言っているのは、前にお話ししたように、日本の周辺の安全保障環境が憲法ができた時と大幅に変わってきているということでしょう。中国の動き、北朝鮮の動き、そしてロシアの動きですよね。

瑶子　この点について、長谷部先生はどうおっしゃっているんですか。

木村　その点についての長谷部さんの反論が面白い。９条を変えても北朝鮮のミサイル発射は止まらない、といってます（『憲法の良識』朝日新書、P.19）。

瑤子　ええ！　憲法改正にそんな即効性を要求するんですか。

木村　北のミサイルは止まらないから憲法は改正しても無駄。これも長谷部さんが「憲法の専門家として」一人に教えるものなのか疑問ですね。憲法論議は専門家に任せろといった割には、全然専門性が生かされてませんね。

第4章　日本を普通の国にするのか

〈この章のねらい〉

自民党憲法改正案には、新安保法と違い、何の限定もない集団的自衛権が入っている。これにどう対応すべきかをさぐる。

1――自民案最大のねらいは、無限定の集団的自衛権行使

木村　9条を改正するとして、どのような規定の仕方にするか。18年3月に自民党の9条改正案が示されました。その案によると、戦力をすべて放棄すると定めている憲法9条1項及2項をそのまま残して、その後に9条の2として9条の例外を入れる、ということで

9条の2

「9条の規定は必要な自衛の措置をとることを妨げ」るものではなく、「そのための実

力組織として」「自衛隊を保持する」。

という条文を加えて自衛隊を憲法に明記するという案です。

瑤子　長谷部先生もその存在を認めていらっしゃる自衛隊が、憲法に明文の根拠を持つことになる、ということですね。

木村　僕は自民党のねらいは、はっきりしていると思いますね。今の新安保法では、集団的自衛権の行使を日本と国民の存立危機事態の場合だけに限定して認めていますけれど、この自民党の自衛隊明記法案では、集団的自衛権の行使についてそういう限定がありません。ここが、自民党の憲法改正案最大の争点だと思います。

瑤子　「必要な自衛の措置」という争点が問題なわけですね。

木村　「必要な自衛の措置」がとれる、と書いてあって、そこに何の限定もないんですね。自衛の中に憲法上は集団的自衛権の行使が限定なしで入ってるということです。

瑤子　ということは、NATOなどで認められている、無限定の集団的自衛権の行使が認められる可能性があるわけですね。

木村　自衛隊法を改正するだけでそうなりますね。極端にいうと、被害国からの要請さえあれば、日本にとって痛くもかゆくもない時にも、集団的自衛権の名で戦闘行為を行うことができるということです。今の新安保法ではそれはできませんけれど。

瑤子　例えば、ウクライナにも自衛隊を派遣できる。

木村　国内の反対運動を抑えて、自衛隊法を改正すればできます。今は、NATOも、第三次世界大戦になるのを避けるために自制して、直接ロシアと戦闘行為をすることを避けています。日本に出撃の要請がウクライナからくることはなさそうですが、日本の国内制度さえ整えば、ウクライナの要請があれば出撃できます。

瑤子　日本は戦後78年間平和国家として生きてきました。いろいろあったけれども、敵に対して一発も弾を撃たないでこれたわけですよね。でも、これからはそうはいかなくなるということですね。自民党案では、日本は集団的自衛権を、日本に存立にかかわるような危機事態がなくても行使できる「普通の国」になる道を開くことになると。

木村　そうですね。僕は憲法改正の最大の争点は、そこにあると思います。限定のない集団的自衛権の行使が、自衛隊法さえ改正すればできる、という状態を受け入れるかどうかですね。果たしてそれが日本にとっても、国際社会にとってもいいことなのか。

瑤子　長谷部先生は、自民党の憲法改正案について、なぜ変えるのか、どう変えるのかがわからないとかいってますけど、それは鈍すぎますよね。どう変えるのかは、かなりはっきりしているということですね。

木村　そこはものすごくはっきりしている。長谷部さんには、ここをしっかり押さえて憲法学の権威ある専門家として憲法改正について語ってもらいたいと思いますね。自衛隊明記とケンカをしたりしてる場合じゃないということです。例えば自民党案が出された後に出版された長谷部さんの本でも論文でも、そこに焦点がちっとも定まっていない。いまだに「それでも安保法制は違憲である」なんていう論文を書いている（岩波「世界」23年8月号）。

瑤子　自民党の憲法改正案では、集団的自衛権も排除しない条文案になっているという点にピントが合っていないということですね。

木村　確かに、自民党の憲法改正推進本部長だった保岡興治さんは、憲法改正後も今までの解釈は1ミリも動かさないといったそうです。それは、憲法改正後も、限定的な集団的自衛権だけが許される、日本又は国民の存立危機が生ずる場合に限る、という今の制度を動かさないという意味ですね。でも、それを信じることはできません。本当にそうなんだったら、憲法改正の案文を、それがわかるように変更すべきでしょう。「存立危機事態となった場合に限り自衛の措置をとることができる」と法案に足せばいいだけなんですから。

瑶子　無限定の集団的自衛権が行使できる案文を作っておいて、それはやりませんと口約束するというのは変です。

木村　野党の方も、ただ反対するばかりでなくて、今の新安保法にある、他国への攻撃が発生してこれを放っておくと「日本又は国民の存立危機事態」が生じる限定的な場合にどう対処するか。その場合に日本は何もせず、直接攻撃を受けるまで見て見ぬふりをするのか、ここに対応できる提案をしなければいけないと思いますね。

瑶子　日本と国民の息の根が止まるという限定的な場合に対応できるような対案を出して、自民党案を修正させる。肉を切らせて骨を断つという作戦ですね。

第5章　長谷部教授は何を守りたいか

〈この章のねらい〉

長谷部教授は、ジャン＝ジャック・ルソーの「戦争における攻撃目標は敵国の憲法だ」という言葉をひいて、国民の命や財産を守るために戦うのは合理的でない、といい始めた。ますます謎めいてきた長谷部教授の論理の背後をのぞきながら、あらためて国と国民の命や財産を守ることの重要性を再確認する。

1　命より国より憲法を守れという長谷部教授

木村　これには僕もびっくりしたんだけど、22年5月2日の「論座」のインタビュー記事で、長谷部さんはこういってるんだ。

「国を守るということは、つまるところ憲法を守ることです。人々の命や財産を守ることだけが大事だというのであれば、自分たちの命をかけて戦うことは合理的とは言えません。どのような社会を危険を冒してでも守りたいのか、ということを真剣に考えるべきだと思います」

瑤子　どうです。これは衝撃的でしょう。

瑤子　え！　憲法を守るために命をかけて戦えということですか。国民の生命や財産じゃなくて。

木村　たしかに、その後で「国民の生命と財産を守ることは政府の第一の役割」であるともいっているんですがね。憲法に体現されている民主主義を命がけで守ろう、ぐらいなら共感する人はいるだろうけど、このいいかたはどうですかね。国民の命や財産を守るために命がけで戦うのは合理性がないというんです。

瑤子　かなり強烈な長谷部ワールドですね。

木村　憲法は国や国民を豊かにするための手段でしょう。国民主権なんだから。憲法のために戦う意志はないですよ。

瑤子　私もダメですねそれは。ゼレンスキーさんが22年12月にアメリカの連邦議会で、

「ウクライナ支援は慈善行為でなく、民主主義を守る投資だ」って訴えて、ものすごいスタンディングオベーションだったでしょう。私もすごく感動しましたけど。

木村　もし、長谷部さんが言おうとしたことがゼレンスキーがいったような意味だったとしたらわかりますけど、国民の命を守るために戦うのは合理的でない、といわれたら、そうは取れませんね。

2　長谷部発言の背後にあるもの

木村　長谷部さんのこの発言の背景には、僕の理解するところ、長谷部さんのこういう考え方があります。これは、長谷部さんの本にしょっちゅう出てくるものなんだけど。まず、国というものは実体がない、それを本当にあるようにしているのは憲法だ、戦争は相手の憲法原理が気に食わないと思うから起こる（『憲法8』新世社、P.4、『憲法と民主主義の論じ方』朝日新聞出版、P.132、『憲法の良識』朝日新書、P.169など）。

瑤子　憲法が気に入らないから戦争が起こるといっても、それをどう論証するんですかね。

木村　戦争といっても、民族紛争や宗教戦争、領土や資源の奪い合いから始まる戦争、とかいろいろありますけど、それを全部「憲法が気に入らないから起きた戦争」でくくれるというんです。

瑤子　独裁国が民主主義国に侵略して、独裁国が勝利した。その後に被害国の憲法が書き換えられた、という例があったとしても、それで長谷部先生がいっていることの論証になるんですかね。その国は憲法を変えたくて侵略した訳じゃないでしょう。

木村　長谷部理論の謎は深まるばかりですね。特に、コテコテの独裁国家間だと憲法の違いはほとんどない。でも戦争はおこります。アレクサンダー大王とペルシャの戦いとか、ローマとカルタゴの戦いとか長谷部説でどう説明されるんですかね。

瑤子　蒙古来襲についても聞いてみたいですね。どこに憲法の出番があるんでしょう。

（以上、長谷部恭男氏の発言に関する引用は、個別に特定したもの以外はすべて『憲法の良識』朝日新書から）

コラム7●長谷部教授の憲法至上主義イデオロギー

1　国家は本当に存在しないか

国家や国民の生命財産ではなく、憲法を守るために戦え、という長谷部氏の主張は、実は長谷部氏の特殊な国家観・イデオロギーから来ている。

長谷部氏はいう。国を守るというけれど、実際「国」というのは我々の頭の中にしかないものので実体がない。

その根拠とするところはこうだ。「株式会社や私立大学などと同様、国家は抽象的な存在であり、山や川の様に目に見えないし、手で触ることもできない。従って国家というものは、つきつめれば、我々の頭の中にしかない約束事である」(『憲法8』新世社、P．4～6、『憲法入門』羽鳥書店、P．1～、『戦争と法』文藝春秋、P．1～、『法とは何か』河出ブックス、P．162他多数)、「国を守るというけれど、実際、国というのは、われわれの頭の中にしかないもので、目に見えるものではない」(『憲法と民主主義の論じ方』朝日新聞出版、P．132～133)。

そして「約束事」というのは、長谷部氏の使う特殊な言い回しでわかりにくいが、「頭の中にだけある約束事」といっていることも考え合わせれば、国家は本当は客観的に実在しないものだが、これをあるものとしてあつかう、ということ、すなわち「擬制」するということだということがわかる。

ここから、長谷部氏は、戦争は国家と国家の争いではない、といい進む。国家が実在しない以上国家と国家間の争いはありえず、またその間の戦争というのは意味がない。そうだとすれば、〈あるのは憲法と憲法の争いなのだという論理〉になる。

ところで、国家は国内最大の法人（法人は人と同じように権利や義務の主体となる組織）である。このことに長谷部氏は異論がないようだ（『憲法8』P.5）。ということは、長谷部氏の説は、昔からある（しかし現在は少数説である）「法人擬制説」の流れに属するものといえる。

「国家は山や川の様に目に見えないし、手で触ることもできない。従って国家というものは、つきつめれば、我々の頭の中にしかない約束事である」

驚くべき単純な論理である。要するに、長谷部氏の考えは、五感で認識できないものは実在しないということにある。ところが、世の中には五感では認識できないが実在するものが無尽蔵に存在する。たとえば理論物理学、量子物理学を少し齧れば、自分の身の回りの世界には、五感では認識できないが、実在するものが満ち満ちていることがわかる。

2　憲法は実在するか

この機会なので、五感によって感知できないが実在するもののうち、一番興味深いものを挙げておこう。それは、長谷部氏が愛してやまない、日本国憲法そのものである。

まず確認したいのは、日本国憲法はどこにあるのか、ということだ。六法全書も憲法の記憶を助けるものに過ぎない。天皇が署名した憲法典の原本が国立公文書館にあるらしいが、これも憲法が記されているものにすぎず、憲法そのものではない。憲法は「山や川の様に目に見えないし、手で触ることもできない」。観念的で抽象的なもので、私たちの頭の中にだけあるものである。長谷部氏流の単純理論でいえば「つきつめれば日本国憲法は実在しない」ことになる。

しかし、長谷部氏はそれでは困るだろう。〈自衛隊員は国家ではなく憲法のために命をかけて戦え〉とまで言う根拠がなくなってしまうからだ。そうなると、長谷部氏は、目に見えないし手で触ることができないものでも、実在することがありうることを認めなくてはならない。国家が実在しないという、長谷部氏の根拠はもろくも崩れるのである。

3 国家は実在する

国家などの法人が実在のものか、擬制的な存在にすぎないかは、実は私法の分野で19世紀以来争われてきたことである。一時は法人擬制説が勢いをえたことがあったが、現在は法人は擬制されたものでなく実在するという説が通説になっている（『民法総則第9版』四宮和夫・

能見善久、弘文堂、P.100~101、『新版注釈民法（2）』林良平、有斐閣。但し、課税の技術的な問題について、法人擬制説がとられることがあるのは別の問題である）。

国家は国内最大の法人である。それは幾重にも重なりあった組織的なルールの下に機関としての人間が配置され、外交交渉をすること、国民に対し領土領海を護ること、紛争を予防し解決すること等々の公共的サービスを提供し、そのための必要な税金を徴収することなど、広範な任務を有機的に果たす組織体である。これを、長谷部氏は「国民の頭の中にしか存在しない。だから実在しない」という。それはそもそも組織というものの実在性を認めないということである。今日の社会において、ほとんどの公共サービス、産業行為、文化的行為が、法人の持つ組織性に依拠して行われている。これは、バラバラの人間の集りではできないこと。そのことを無視するものである。こうした組織体である国家を守ることは、自衛隊の最大の任務の一つであり、その旨が自衛隊法3条に明記されている（巻末資料参照）。

4　憲法も実在するが

憲法は人に対する教育により、文章として人の記憶の中に存在し、その記憶が、主として国家の行為の基準となり裁判の基準となる。しかし、何の発信器官もない憲法は自ら国家に働きかけることはできない。高い価値をうたい上げた文字は人々の記憶や記録の中にあって、これを読み解く人や組織の判断を借りてこれに沿うように組織を動かし、社会を動かす。そのとき、結果として憲法の力が発揮されたことになる。こうして憲法という記憶に沿って社会を動かそうとしているのも、多くの場合公務員であって、憲法自身ではない。いざとなった時に、もし二者択一であれば、国民が、憲法ではなく、国家を守ってほしいと思うのは生存本能からして自然なことである。憲法が無くても生きてはいけるが、国家や命を失ったらおしまいだ、と普通の国民は思うからである。国家より憲法を守れという長谷部理論は国民が生物として持つ当然の選択に背いている。

5 立憲主義が国家を縛るということの意味

立憲主義とは国家を縛るものだ、といういい方がされるように、憲法の中心は、国家が過去に国権を乱用して行った行為を抑止するためのネガティブリスト（してはならないことのリスト）だといわれる。それは正しいし、ネガティブリストがあることの意味は大きい。しかし、だから憲法が国家を運営しているかのようにいうのは錯覚である。

だいたい、そんなネガティブリスト中心の構造で国家が運営できるはずがない。国家が何をしてはならないかは重要だが、しなければならないことの方が圧倒的に多いのだ。一つ刑事裁判というものを取った場合、憲法的な価値にとっては、警察に不当な捜査をさせないことや、裁判では自白だけで有罪としないことが重要だ。しかし国家にとっては膨大な数の犯罪の犯人を逮捕し、裁き、刑を執行し、犯罪を抑止することが任務なのである。そうしなければ、国家は成り立たない。国家が憲法によって成立しているようにいうのは（『憲法8』P.5）、憲法を擬人化したことによる勘違いである。刑事裁判以外の分野では、国家は、むしろ憲法とはあまり関係のないところで組織をフル回転させ、膨大な量のサービスを国民に提供しているのである。

6　憲法至上主義イデオロギー

人は、憲法のために命をささげるべきではない。憲法のために国家・国民があるのではない。ネガティブリストといっても、それは結局国民の生命財産を守るため作られたものである。これを無視した長谷部氏の憲法観は異常である。国民の生命より憲法を重視するという新たな政治的イデオロギーは、私にとっては、過去の安倍政権よりよほど恐ろしい。

長谷部氏が、大真面目で国家擬制説をとるのであれば、他説（通説である実在説）をも分かりやすく紹介し、それとの対比でどうして擬制説が優れているのかを語るべきである。私が知る限りそれがないのは学問としてアンフェアである。

第6章　長谷部立憲主義を疑う

〈この章のねらい〉

憲法の価値が国民の生命や財産の価値に優るとした長谷部教授の立憲主義思想をさらに批判する。その中で、立憲主義はいつもは民主主義の友達の様に思われがちだが、究極のところでは、対立していることが見えてくる。その対立する構造を、憲法改正をテーマにして考えてみよう。

1　長谷部立憲主義は民主主義を殺す

木村　長谷部さんが何度も言うのは、立憲主義を守れということですね。立憲主義にもいろんな意味があるようですけど、一つに絞ればどうでしょう。

瑤子　憲法に従って政治が行われること。

木村　そうですね。法律というとこっちが縛られるんじゃないかと思うけど、憲法のかなりの部分は、政府を縛るためにあるといわれています。これが立憲主義の仕組みといってもいいですよね。

瑤子　その中心にあるのが、この憲法に反する法律などはすべて無効になるという98条と、すべての公務員がこの憲法を守る義務があるという99条だと習いました。

木村　政府と役人を縛る。確かにそれが立憲主義の一つの側面ですね。そのほかに、憲法を改正するのに、厳しい要件がかかっているというのも大事でしょう。衆議院の3分の2と参議院の3分の2で提案して、国民投票で過半数を取る必要があるという衆参3分の2要件。

瑤子　これは政府が簡単に憲法を変えないようにということですか。

木村　それは立憲主義を強力に支えるものなんだけど、普通の立憲主義とはすこし違うものなんですね。というのは、その衆参3分の2要件は、誰を縛っているのかということなんですよ。この要件を使って憲法改正をやるのは誰なんだろう。

瑤子　難しい質問ですね。国民主権ですし最終的には国民投票だから国民でしょうか。国の仕組みを国民が守る又は変える。

木村　憲法の改正という場面は、国民主権というのが一番はっきり出てくるところだから、そう考えていいと思います。とすると、3分の2要件は誰を縛っていることになりますか。

瑤子　え、お、国民かぁ。

木村　そうなんですね。国会の外で半数を上回る人が憲法改正したいと思っていても、衆参両院の中で3分の2要件がクリアできないと、憲法を変えるか否かという議題は主権者である国民のところまで届かない。

瑤子　極端にいえば、国民の中で憲法を変えたいという人が仮に100%いても、変えられないわけですね。

木村　国民には解散権がないので、選挙によって議員の構成を変えて、憲法改正の発議をできるようにするという選択肢はない。そうとらえると、過半数を基本とする民主主義、ひいては国民主権を抑え込んでいるのが立憲主義という制度ということになります。

2　長谷部教授の好きなギリシャの昔話

木村　なんで、こんな厳しい条件を付けたのか。これを、長谷部さんは、必ずと言っていいほど「オデッセイア」というギリシャの話に例えて話をします（『憲法と平和を問いなおす』ちくま選書、P.155ほか多数）。比喩好きの長谷部さんの最長の比喩です。例によって、間違った比喩ですけど。

瑤子 オデッセイア。なんか名前だけは聞いたことがあります。

木村 ホメロスという吟遊詩人が作った叙事詩といわれてます。おおよそこんな話です。ギリシャの英雄オデッセイウスが魔女セイレーンの棲む海峡を帆船で通ることになった。別の魔女がアドバイスするには、この海峡を渡ろうとすると、どこからともなくセイレーンの美しい歌声が流れてくる。この歌を聞いてしまうと、この歌に魂を奪われてしまい、セイレーンの方に向けて海に飛び込み渦に巻かれて死んでしまうというんです。

瑤子 それは、絶対に避けられないんですか。

木村 歌を聞いてしまったら、もう絶対避けられないという設定です。

瑤子 とするとその海峡は、危険で渡れませんね。

木村 そこでその魔女がアドバイスするんです。この海峡を無事に渡るためには、みんなで耳には蝋をつめて歌が聞こえないようにしなければならないというわけです。

瑤子 わかりやすいアドバイスですね。要するに耳栓をしろと（笑）。

木村 だけど、オデッセイウスはその歌が聞きたいなあと思っちゃうんだね。なにしろ、誰でも命がけで聞きたくなるような歌なんだから。で、オデッセイウスは一計を案じます。乗っている部下たちの耳には蝋の栓をさせるけど自分は歌声を聞きたいからしないんです。

瑤子 それは危険ですね。

木村 だけど自分はどうしても聞きたい。で、自分は耳に栓をせずに部下たちにこういうんです。「俺をマストに縄で縛り付けろ」と。「歌声が聞こえてきたら俺は魂を奪われてセイレーンの方に行こうとして、お前たちに『縄を外せ』というだろう。だけど俺のいうことを聞いてはいけない。俺がなんといっても縄を絶対に外すな。緩めるな」。

瑤子 なるほど、あらかじめ自分の行動を自分で縛ったというわけですね。

木村 これを長谷部さんは、合理的自己拘束というわけですね。結局このアイデアが功を奏して、オデッセイウスはセイレーンの歌声は聞けたし、一行は難を免れ無事に海峡を渡れましたというわけだ。

瑤子 めでたしめでたしと。人生でよくありますね。何であそこで自分を止めてくれなかったんだ、みたいなことが。

木村 オデッセイウスのやり方は、セイレーンの歌声を聞きたいという気持ちと無事に海峡を渡るという必要性の両方を成功させているというわけです。長谷部さんは立憲主義のイメージ上のモデルとしてほとんどのところでこれを使うわけです。こういう、将来の自分を自ら拘束するのを「合理的自己拘束」といって、憲法改正について、衆参両院の3分の2の発議を要件とする日本のような硬性憲法の根拠となります、というわけです。

瑤子 ここで、両院3分の2要件がなぜあるかにつながるわけですね。

木村 そうですね。自分が過ちをしないように自分を縛る、という思想ですね。だけどどうだろう。オデッセイウスと憲法ではかなり話が違ってくる。根本的な違いは、オデッセイウスを縛ったのはだれか……。

瑤子 オデッセイウスを縛ったのは自分自身の意志によるものです。自分です。

木村 憲法を作って主権者を縛った人は?

瑤子 えーと、憲法の衆参3分の2要件で縛ったのは75年前に憲法を作った日本人ですね。

木村 縛られているのは当時から見れば将来の国民、現在でいえば現在の18歳以上の国民というわけですね。

瑤子 なるほど。縛られている私たちは、オデッセイウスのように自分の意志で自分を縛ったわけではないということですね。

木村　そうなんです。ここで問われるのは、どうして私たちはこの両院3分の2要件で75年前の他人に縛られたままでいなければならないのかということです。自分たちのことは自分たちの多数決で決めるのが民主主義のはず。ところがここで民主主義は憲法で押さえつけられている。民主主義をそこまで押さえつけていいのか、という立憲主義に対する批判があります。

瑤子　でもよく考えてみると、セイレーンの歌声というのは、75年前に縛られた国民にとどく、「憲法は改正しなさーい」という美しい歌声なんですね。これをもろに聞くと、憲法を改正するために海に飛び込みたくなっちゃって死ぬという（笑）。魔女のアドバイスは、船員は皆耳栓をして「憲法改正しなさーい」という声を聞こえなくする。オデッセイウスは縄で縛られていて、「憲法改正しなさーい」という声は聞いているんだけど、縛られていて飛び込みたくても飛び込みようがない（笑）。一方、縛った方、75年前に議会で憲法を制定した時の有権者は今95歳以上ということになりますね。人口比ではどのくらいになりますか。

木村　有権者比で約0・5％、です。250人に一人。ほとんどの人は亡くなられている。これでは「死者の拘束」になってしまうと法哲学という学界の学者の方々から強い批判がありますし、そういう書籍も出ています（例『立憲主義という企て』井上達夫、東京大学出版会）。0・5％の人が作ったものにそれ以外の一億人の有権者が拘束されている。それでいいのか、ということですね。

瑤子　長谷部先生はどうおっしゃってるんですか。

木村　私の読んだ範囲では、長谷部さんの意見は見つけられませんでした。今の法哲学の世界では、一番ポピュラーといってもいいテーマなんですけどね。

瑤子　そこに触れないと、オデッセイウスの話に落ちがつきませんよね。

木村　そうです。オデッセイウスの昔話では立憲主義の抱えている現在の問題には全く答えられないと思います。立憲主義のイメージとしてもどうですかね。

瑤子　最初に答えありなんです。その昔話は、「歌声を聞いたら必ず海に飛び込んで死ぬという危険な行為を犯してしまう」という前提で成り立ってますよね。比喩としては最初から「憲法を改正することは命を失う危険行為だ」、という前提に立っている。

木村　憲法を改正したほうが安全で幸せな人生を送れるかもしれない、という可能性は最初から排除されていますよね。結論を自分の意見に誘導する比喩、誘導的比喩ですね。弁論大会などで学生が使うテクニックです。それを、権威ある憲法の教授があっちこっちでつかうんですね。

瑤子　でも、亡くなられた方も含めて、現在95歳以上の人たちは、後の国民が過ちを犯さないように3分の2要件を入れたということはいえますよね。二度と戦争をさせないために。

3　新憲法を生んだ環境

木村　そういう言い方はできるんでしょうね。でも、どうだろう。憲法を作った時の国の主人公のほうが、後に生まれてくる国の主人公よりも思慮深くて情報量にも恵まれていて正しい判断をするはずだ、ということを前提にしていますよね。それって証明できますか。

瑤子　その前提は証明はできないと思います。この憲法を作った時の時代背景も考えに入れないといけないですしね。

木村　そもそも、憲法を作ったときは、終戦直後の特殊な世の中だから、満足な食べ物も着る物もない、二度と戦争は嫌だ、軍国日本を復活させたくない、ということしか考える余地がなかった。日本の将来の安全保障なんて考える人は少なかった。長谷部さんの非武装平和主義に対する言い方を借りれば、「良識」も「常識」もなかったわけです。それでも圧倒的多数の人が非武装となることを支持していたわけではない。成立当時の毎日新聞の世論調査では、非武装になることに30％くらいの人が反対してました。

瑤子　反対運動はあったんですか。

木村　ないですよ。まだ、アメリカ軍の統治下にあったわけですから、反対運動はできませんでしたし、新聞もラジオも検閲されていましたから。

瑤子　押しつけ憲法論というのもありましたけど。

木村　それはあまり生産的な議論ではないと思います。アメリカの力で一方的に無理やり作られた憲法だという印象操作はやめるべきだと思います。日本人もこの憲法の制定では力を出していると思います。しかも、この憲法は憲法発布の時、国民の大多数がこの憲法に感動してこれを受け入れたことは事実ですからね。

瑤子　でも、出来上がったものについて反対意見の人が、自由な討論をして多数意見を批判してそれを崩して多数意見となれる、というような国民の表現の自由や政治活動の自由が認められた民主的な条件下でできた憲法ではないわけですよね。

木村　そうです。それは、護憲派でも改憲派でもない、憲法の制定史を研究しておられる人であれば、ほとんどの人が認めると思います。

瑤子　なるほど、そういうことも、立憲主義と民主主義と憲法のつながりを考える時には参考にしなければいけませんね。この新憲法制定について国民投票はなされてないわけですよね。

木村　そのとおりですね。大日本帝国憲法の定める、両議会での3分の2の特別多数決で制定されています。

瑤子　そうしてみてくると、日本国憲法は、日本の民主化への大きな土台となったことは間違いありませんけど、日本の安全保障というものを見た時、ほとんど何にも考えてない。その限りで、そんな大きな権威を認める必要はないようにも思えますね。

木村　オチがつかなかったオデッセイウスの話が、意外なところでついてました。長谷部さんは学術書（『憲法8』P.64）の方でこういっているんです。

「「判例は」、防衛問題は第一次的には国会や内閣、そして最終的には主権者たる国民が決定すべき問題だとしている（中略）。この考えを推し進めれば、およそ憲法によって防衛の在り方を極度に限定すべきではなく（下略）」

として、長谷部さん自身が、両院3分の2要件のある硬性憲法の下での、9条による軍備の制約が行き過ぎだったといっています。それと、もともと、合理的自己拘束ということをいい出したのは、イギリスのウルスター・インバウンドという学者ですが、この教祖は「憲法による拘束は、合理的自己拘束とはいえない」としています。長谷部さん自身、「9条の非武装平和主義は非常識で、個別的自衛権は合憲だ」、といっている。である以上、9条は合理性を逸脱している、といわなければおかしいわけです。

瑤子　合理的自己拘束ではないと。ということは、あの長い比喩、オデッセイウスの話は、全く意味がなかったということですか。

木村　そうなりますね。もともと役に立たない比喩だと思っていましたが。

瑤子　いずれにせよ、9条による軍備の極端な規制は、議会と内閣と国民みんなの失敗だったということですね。

木村　そうです。誰かに責任を押し付けるわけにはいきません。憲法成立当時の国民の意識や社会の雰囲気を理解するために、憲法の施行後に文部省が社会科の中学生向け副教材として配った「あたらしい憲法のはなし」から、戦争の放棄の部分を見てみましょう。自分もその当時その立場にいたらどうしていたかな、という思いも込めてゆっくり読んでください。

4―感動の副教材

六　戰爭の放棄

みなさんの中には、こんどの戰爭に、おとうさんやにいさんを送りだされた人も多いでしょう。ごぶじにおかえりになったでしょうか。それともとうとうおかえりにならなかったでしょうか。また、くうしゅうで、家やうちの人を、なくされた人も多いでしょう。いまやっと戰爭はおわりました。二度とこんなおそろしい、かなしい思いをしたくないと思いませんか。こんな戰爭をして、日本の國はどんな利益があったでしょうか。何もありません。たゞ、おそろしい、かなしいことが、たくさんおこっただけではありませんか。戰爭は人間をほろぼすことです。世の中のよいものをこわすことです。だから、こんどの戰爭をしかけた國には、大きな責任があるといわなければなりません。このまえの世界戰爭のあとでも、もう戰爭は二度とやるまいと、多くの國々ではいろ〳〵考えましたが、またこんな大戰爭をおこしてしまったのは、まことに残念なことではありませんか。

　そこでこんどの憲法では、日本の國が、けっして二度と戰爭をしないように、二つのことをきめました。その一つは、兵隊も軍艦も飛行機も、およそ戰爭をするためのものは、いっさいもたないということです。これからさき日本には、陸軍も海軍も空軍もないのです。これを戰力の放棄といいます。「放棄」とは「すててしまう」ということです。しかしみなさんは、けっして心ぼそく思うことはありません。日本は正しいことを、ほかの國よりさきに行ったのです。世の中に、正しいことぐらい強いものはありません。

　もう一つは、よその國と爭いごとがおこったとき、けっして戰爭によって、相手をまかして、じぶんのいいぶんをとおそうとしないということをきめたのです。おだやかにそうだんをして、きまりをつけようというのです。なぜならば、いくさをしかけることは、けっきょく、じぶんの國をほろぼすようなはめになるからです。また、戰爭とまでゆかずとも、國の力で、相手をおどすようなことは、いっさいしないことにきめたのです。これを戰爭の放棄というのです。そうしてよその國となかよくして、世界中の國が、よい友だちになってくれるようにすれば、日本の國は、さかえてゆけるのです。

みなさん、あのおそろしい戰争が、二度とおこらないように、また戰争を二度とおこさないようにいたしましょう。

5 副教材と安全保障

木村 何度読んでも感動しますね。素晴らしい理想主義的な文章です。

瑤子 将来の日本の安全保障については、超楽観的ですね。国連に加入すれば、国連軍が守ってくれると考えていたわけですからね。

木村 その通りです。この楽観主義は、長谷部先生はその「良識」からして絶対許せないでしょう。長谷部先生は、非武装平和の選択を論外、非常識、良識がないと、ぼろっくそにけなしているわけですから。でも、その時のその環境にいたらどうなんでしょうか。その後、冷戦の勃発と、そのために国連安保理が機能しなくなったという、安全保障環境の大きな変化の中で、警察予備隊から保安隊、自衛隊といろいろ名前を変えながら戦力を蓄えてきたわけですね。

瑤子 一方で、憲法9条は現在の「戦力は一切持たない」という文言のまま死守する。だけど、非武装平和主義は口を極めて非難する、という長谷部先生の矛盾した考え方は理解できませんね。

木村　長谷部さん自身が、9条2項は権威のない条文だ、機能しない（役に立たない）条文だということをさんざんいっているわけです。それなら、どうしてそんな役に立たない条文を、一字一句こだわって残すことに固執するのか。これがわかりません。

ENDING

木村　それではこの巻は、長谷部さんの次の二つの言葉で締めることにしましょう。

長谷部さんの言葉その1

「法解釈に疑問や難問が生じたとき、最終的には『法律家共同体のコンセンサス（合意）はどこにあるのか』、これが解釈の決め手になります」（『憲法と民主主義の論じ方』朝日新聞出版、P.15）「国民には、法律家共同体のコンセンサスを受け入れるか受け入れないか、二者択一してもらうしかないのです」（朝日新聞15年11月29日朝刊、杉田敦氏との時事対談）

瑤子　国民主権というより、法律専門家が法律解釈についての主権を持っているゾ、と。法律家共同体というのが、長谷部先生が理事長をなさっている学会だとすれば、長谷部主権に近づきますすね（笑）。

木村　国民は二者択一ってなんだよ、失礼な。という国民の声が聞こえてくるような。何を根拠に考えてるんでしょうね。なんだか怖いですね（笑）。
もう一つ。

長谷部さんの言葉その2

「国を守るということは、つまるところ憲法を守ることです。人々の命や財産を守ることだけが大事だというのであれば、自分たちの命をかけて戦うことは合理的とは言えません」（22年5月2日の「論座」のインタビュー）

瑶子　自衛隊を憲法に明記することに先頭に立って反対している憲法学の権威から、「君はその憲法のために命をかけて戦え」といわれる自衛隊員の気持ちはどうでしょうかね。ぜひ感想を聞いてみたいと思いますね。

資料

日本国憲法

※あらゆる戦力を放棄したはずの憲法9条2項だが、コラム6に見たように、政府解釈によって次第に許容される軍備の範囲が広がってきた。15年からは、限定の付いた集団的自衛権を含むように法改正がされた。

〔戦争の放棄と戦力及び交戦権の否認〕

第九条　日本国民は、正義と秩序を基調とする国際平和を誠実に希求し、国権の発動たる戦争と、武力による威嚇又は武力の行使は、国際紛争を解決する手段としては、永久にこれを放棄する。

② 前項の目的を達するため、陸海空軍その他の戦力は、これを保持しない。国の交戦権は、これを認めない。

※憲法9条2項によって戦力の保持が禁止されているが、この13条が政府解釈や、学者によって、必要最低限度の軍備を持つ根拠として使われている。

〈個人の尊重と公共の福祉〉

第十三条　すべて国民は、個人として尊重される。生命、自由及び幸福追求に対する国民の権利については、公共の福祉に反しない限り、立法その他の国政の上で、最大の尊重を必要とする。

※日本国憲法では法律の制定権は国会が独占しており、内閣の職務権限には立法作用は入っていない。また、内閣や国会の解釈を審査する権限は裁判所が独占している。長谷部教授は、内閣の憲法解釈が、憲法の内容の一部となるとしているが、以下の条文より、その主張は憲法と矛盾することになる。

〈国会の地位〉

第四十一条　国会は、国権の最高機関であつて、国の唯一の立法機関である。

〔内閣の職務権限〕

第七十三条　内閣は、他の一般行政事務の外、左の事務を行ふ。

一　法律を誠実に執行し、国務を総理すること。

二　外交関係を処理すること。

三　条約を締結すること。但し、事前に、時宜によつては事後に、国会の承認を経ることを必要とする。

四　法律の定める基準に従ひ、官吏に関する事務を掌理すること。

五　予算を作成して国会に提出すること。

六　この憲法及び法律の規定を実施するために、政令を制定すること。但し、政令には、特にその法律の委任がある場合を除いては、罰則を設けることができない。

七　大赦、特赦、減刑、刑の執行の免除及び復権を決定すること。

〔最高裁判所の法令審査権〕

第八十一条　最高裁判所は、一切の法律、命令、規則又は処分が憲法に適合するかしないかを決定する権限を有する終審裁判所である。

※憲法改正手続きには両院3分の2要件があり、民主主義が抑えられている。

〔憲法改正の発議、国民投票及び公布〕

第九十六条　この憲法の改正は、各議院の総議員の三分の二以上の賛成で、国会が、これを発議し、国民に提案してその承認を経なければならない。この承認には、特別の国民投票又は国会の定める選挙の際行はれる投票において、その過半数の賛成を必要とする。

2　憲法改正について前項の承認を経たときは、天皇は、国民の名で、この憲法と一体を成すものとして、直ちにこれを公布する。

自衛隊法

※長谷部教授は、自衛隊の任務が憲法を守ることにあるというが、以下の通り自衛隊法にはそのような規定はない。あくまでも、国を防衛するのが任務である。

自衛隊法

（自衛隊の任務）

第三条　自衛隊は、我が国の平和と独立を守り、国の安全を保つため、我が国を防衛することを主たる任務とし、必要に応じ、公共の秩序の維持に当たるものとする。

※新安保法制定の際に傍線のところが追加され、限定的な集団的自衛権の行使が導入された。

（防衛出動）

第七十六条　内閣総理大臣は、次に掲げる事態に際して、我が国を防衛するため必要があると認める場合には、自衛隊の全部又は一部の出動を命ずることができる。この場合においては、武力攻撃事態等及び存立危機事態における我が国の平和と独立並びに国及び国民の安全の確保に関する法律（平成十五年法律第七十九号）第九条の定めるところにより、国会の承認を得なければならない。

一　我が国に対する外部からの武力攻撃が発生した事態又は我が国に対する外部からの武力攻撃が発生する明白な危険が切迫していると認められるに至つた事態

二　我が国と密接な関係にある他国に対する武力攻撃が発生し、これにより我が国の存立が脅かされ、国民の生命、自由及び幸福追求の権利が根底から覆される明白な危険がある事態

2　内閣総理大臣は、出動の必要がなくなつたときは、直ちに、自衛隊の撤収を命じなければならない。

（防衛出動時の武力行使）

第八十八条　第七十六条第一項の規定により出動を命ぜられた自衛隊は、わが国を防衛するため、必要な武力を行使することができる。

2　前項の武力行使に際しては、国際の法規及び慣例によるべき場合にあつてはこれを遵守し、かつ、事態に応じ合理的に必要と判断される限度をこえてはならないものとする。

※新安保法制定の際の法改正で自衛隊法に追加された。海外にいる日本人保護のための条文である。長谷部教授はホルムズ海峡の機雷除去の方は「地球の裏まで自衛隊を派遣するもの」として厳しく批判しているが、同じく地球の裏まで行く日本人保護については特に発言がない。一貫性がないといえる。

（在外邦人等の保護措置）

第八十四条の三　防衛大臣は、外務大臣から外国における緊急事態に際して生命又は身体に危害が加えられるおそれがある邦人の警護、救出その他の当該邦人の生命又は身体の保護のための措置（輸送を含む。以下「保護措置」という。）を行うことの依頼があつた場合において、外務大臣と協議し、次の各号のいずれにも該当すると認めるときは、内閣総理大臣の承認を得て、部隊等に当該保護措置を行わせることができる。

※機雷の除去については、左記の自衛隊法の規定に依拠している。出動に地域の限定はない。

（機雷等の除去）
第八十四条の二　海上自衛隊は、防衛大臣の命を受け、海上における機雷その他の爆発性の危険物の除去及びこれらの処理を行うものとする。